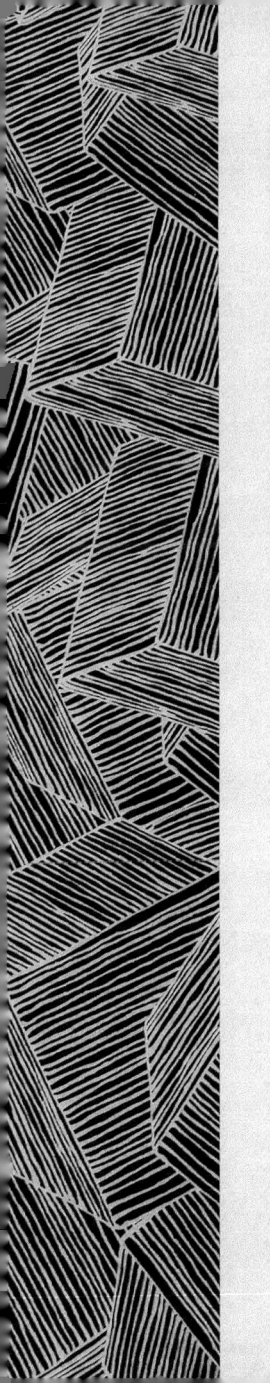

个体的时代

新世纪以来中国社会思潮研究

蔡志栋 / 著

上海社会科学院出版社

目录

导论 个体的时代：新世纪社会思潮鸟瞰 001
 一、何谓"新世纪"? 002
 二、两大主题：政治哲学与精神哲学 008
 三、澄清若干问题 015

第一章 时代与思绪：国学、儒学与墨学 022
 第一节 论时代 023
  一、现代人精神世界的"秘密花园"
    ——《秘密花园》热销启示录 023
  二、关于"当代中国道德箴言" 027
 第二节 议国学 031
  一、国学是什么?
    ——章太炎的启示 031
  二、经学究竟何谓?
    ——周予同的回答 037

001

三、中小学语文原则上应不应收
    1930年后的作品？ 044
四、尊重那一场伟大的哲学革命
    ——从冯契《中国近代哲学的
    革命进程》再出发 049

第三节 评儒学 056
一、驳"建立儒学一级学科倡议书" 056
二、该理性地说说儒家与女性了 066
三、孝道的自我瓦解
    ——读《礼与十八世纪的文化转折》 072
四、"孔教"的突围？
    ——读干春松《保教立国》 076
五、何谓贤能政治？
    ——梁启超的启示 086
六、儒家政治哲学的限度
    ——读《儒家的困境》 092
七、再论新文化运动有无"打倒
    孔家店"口号的问题 102

第四节 诘墨家 110
一、"墨家店"卖的可能是什么？
    ——郭沫若的启发 110
二、工匠精神岂是墨家独有？ 119

目　录

第二章　论中国民族主义　126

第一节　新世纪以来中国民族主义的历程及其反思　126

　一、民族主义概念初探　126

　二、事件·媒介·思潮　128

第二节　民族主义：新时代凝聚人心的底线？　136

　一、各界的分裂　137

　二、分裂在延续　141

　三、出路何在？　148

第三节　反传统的民族主义还有凝聚力吗？

　　　——对韦政通关于中国民族主义特性论断的一个发挥　151

　一、缘起　151

　二、中国现代民族主义何以反传统？　154

　三、反传统的民族主义是否还具有内聚力？　158

　四、反传统的民族主义是否还是民族主义？　166

第四节　中国现代民族主义论纲

　　　——以其与现代社会思潮的关系为中心　170

一、何谓民族主义？ 170
二、民族主义主体论 174
三、政治民族主义问题 178
四、作为价值的民族主义 183

第三章 论新权威主义 187

第一节 评新权威主义：以萧功秦为中心 188
一、思想要义与历史发展 189
二、回应社会思潮 193
三、重新解释历史 199
四、三大质疑 204
第二节 章太炎并非新权威主义者
——读萧功秦《中国的大转型》 210
第三节 《中国震撼》：新权威主义的
新表达 218

第四章 人类命运共同体与"中国梦" 227

第一节 人类命运共同体：中国现代
哲学的智慧
——兼论中国古典哲学的困境 228
一、亨廷顿的文明冲突论 229
二、天下主义的危险 235
三、忠恕之道：不足与转进 240

四、中国现代哲学的贡献　245

第二节　"中国梦"的哲学意蕴(论纲)
　　——又名"现时代我们需要
　　什么样的哲学?"　251

一、梦:理想与现实的统一　252

二、实践:"中国梦"的实现根据　254

三、正确的认识论与方法论:"中国梦"的实现保障之一　257

四、正确的政治哲学:"中国梦"的实现保障之二　261

五、"新世界"与"新人":"中国梦"的实现境界　266

参考文献　269

后记　284

导论　个体的时代：新世纪社会思潮鸟瞰

身处新世纪,明显感觉思潮汹涌,俨然又一个战国时代。但这是就表象而言。就内在实质而言,今天究竟是一个什么样的时代？澎湃的思潮所贯穿的主线是什么？所要解决的根本问题是什么？也许,"个体的时代"是对这个时代的某种不甚精确、容易引起争议、但一定程度上的确抓住了核心特色的称谓。

从社会结构、自我认识、哲学主题以及技术特征的角度看,新世纪是一个"个体的时代"。它始于1990年代,而非正好是21世纪的开端。它旨在解决政治哲学的规划和精神哲学的构建两大问题,为个体奠定安身立命之处。新世纪以来的左派、自由主义、文化保守主义(包括新儒学、新墨学等)、新权威主义、民主社会主义、宪政社会主义、民族主义等思潮对于这两个问题分别提出了自己的见解,但也有失语、薄弱之处。"个体的时代"对于新世纪而言,是一个基本特征,而非全部特征;它也是先前集体主义时代的逻辑发展的结果;与以前也许存在过的类似的时代相比,新世纪还是自具新意的。

一、何谓"新世纪"?

这是一个个体的时代。这个论断是与这个时代本身的基本特色联系在一起的。所谓的这个时代,就是"新世纪";所谓的"新世纪",并不仅仅是一个时间的概念——在某种程度上,它甚至是与时间的划分存在距离的——而且,更加重要的是,这是一个讲究质的概念。至少,它是与以下四个特色紧密地联系在一起;同时这四个特色也近似地标示了我们所谓的"新世纪"的开始。

第一,1992年邓小平南方谈话从政治的角度昭示了新世纪的开始。① 南方谈话的意义在于,它以无比的权威重新推动了中国市场经济的发展步伐,为个体经济能动性提供了合法性。随后的一系列举措,在中国的国家与个人之间,开辟了市场这一个特殊类型的"社会"。中国人生活的世界发生了根本的变化。个体如果不是第一次至少也是再一次感受到了解放。对利益追求的欲念被释放了,赋予了合法性。

同时,社会上脑体倒挂、"造原子弹的不如卖茶叶蛋的"现

---

① 这个观点的得出源自《杭州师范大学学报》(社会科学版)执行主编朱晓江的启发,特此感谢。

象出现了,冲击着知识分子敏感的心灵。这个事件之所以重要,因为知识分子正是社会思潮的发动机,他们感受的变化必将反映到社会思潮内容的构建上。而按照葛兰西"有机知识分子"的说法,知识分子并无独立性,他们是与具体的社会阶层依附在一起的。因此,随着新的阶层的崛起,知识分子也发生了分裂。对于社会思潮而言,这是一个根本性的事件。正是由此,多样化的社会思潮产生了。

第二,"告别革命"论的提出表明了新世纪的时代的自觉。有的学者将 20 世纪称为革命的世纪,切中肯綮。[①] 而对于 1990 年代之后的时期,目前有大量的学术成果称之为"后革命"时期[②],表明了学界的某种共识。但其标志、起点,却无疑是李泽厚和刘再复 1994 年发表于香港的对话《告别革命》一书。

"告别革命"表达了一种呼声,与这个呼声相伴随的是李泽厚的另一种说法:1990 年代是一个"学问家凸显,思想家淡出"的时代,[③]或者说,原先为李泽厚所用来刻画 20 世纪上半

[①] 这是高瑞泉教授的主张。参见其教育部重大攻关项目"20 世纪中国社会思潮研究"结项成果。
[②] 比如[美]德里克主讲,李冠南、董一格译:《后革命时代的中国》,上海人民出版社 2015 年版。书名便昭示了某种时代特征。粗粗一查,冠以"后革命时代"的著述近几年颇多出现。
[③] 对于这个刻画,学界也不是完全同意。王元化便认为任何时代都是思想和学术交相辉映的。不过,王元化和李泽厚在具体观点上的不同,并不影响两人对于时代精神的共振。王元化对顾准、张中晓的肯定,对卢梭"公意"的阐释,都表明他对个体的高度欣赏。

叶时代状况的"救亡压倒启蒙"发生了转变,甚至就是倒转:"启蒙"占据了"救亡"的上风。但这个阶段的启蒙,不再是以赤裸裸的思想方式,而是试图实现与学术的结合。启蒙以学术研究的方式继续深入。[1]

如果说因为学术研究注重个体性、创造性,所以这是一个个体的时代,那这种说法太简单,甚至是错误的。因为思想对个体性的要求丝毫不低。关键在于,启蒙就其本意的确是指向了个体的觉醒,[2]而救亡的重点显然是在群体上面,虽然今日已经有很多成果指出,没有国家这样的群体作为依托,个体也不能得到保护和有效而充分的展开、实现。[3]

第三,1995年,冯契、牟宗三两位得到公认的中国哲学家的逝世表明一个时代的结束,从哲学的角度预示着新的时代的揭幕。冯契创立了"智慧说",一方面回应着"中国向何处去?""如何建设现代化?"等时代的问题;另一方面,通过否定中国传统社会的"醇儒"理想人格,勾画了真善美统一的平民

---

[1] 当然我们决不能否认,学术研究本身并不独自承担启蒙的责任,同时,以学术研究的方式深入展开的启蒙也在发生变异。很多人忘了启蒙这个目的,而将焦点落实于学术研究之上。也许这尤其发生在学术传承的过程中。上一代的激情化为了下一代的迷茫。

[2] 也许最著名的说法还是康德的《对"什么是启蒙?"的回答》。

[3] 参见崔宜明:《个人自由与国家富强》,《上海师范大学学报》(哲社版)2011年第3期。另外,自由民族主义也认为以个人主义为核心的自由主义与民族主义不一定是冲突的,因为自由主义的实现的前提是建立一个强大、稳固的民族国家,保护个人的成长、发展。塔米尔、格林菲尔德等自由民族主义的代表人物都这么主张。可参见塔米尔《自由民族主义》、格林菲尔德《民族主义:通向现代性的五条道路》等著作。

导论　个体的时代：新世纪社会思潮鸟瞰

化的理想人格。这不仅仅是一个哲学体系的创立,而且,他是1980年代主体性哲学的代表。[①] 相对而言,在海外牟宗三的知名度更大。他是现代新儒家的重要代表人物,在这一点上也和冯契作为马克思主义哲学家[②]的身份相异。不过,两者在对主体性哲学的构建这一点上是一致的。冯契主张"综合创新"[③],牟宗三主张"返本开新"。但其指向也是圆善的人格。也许两者之间还有一个较大的区别:由于时代,冯契始终在政治哲学上言之甚少,牟宗三提倡的"良知坎陷说"恰恰旨在开出科学与民主,并且他为此花费了大量的笔墨。从著述的角度看,便有《政道与治道》一书。牟宗三晚年最后一本书《圆善论》却旨在刻画德福一致的理想人格。显然,牟宗三也在追寻某种主体性哲学。

冯、牟两位哲学家于1995年逝世,这自然是某种巧合,但在一定程度上却从哲学的角度宣告了20世纪的提早结束。接着这个观点往下说,"新世纪"便在两位先生逝世之后开启。在新世纪中,至今只有短短二十多年[④],但在哲学体系的创造上,学界诸位先生当仁不让。数量上无疑更多,就中国哲学界

[①]　参见高瑞泉,杨杨等著:《转折时期的精神转折》,上海古籍出版社2005年版。
[②]　冯契写作了两部中国哲学史,也创立了具有中国哲学特色的"智慧说"。但自认还是一个马克思主义哲学家。
[③]　不可否认,冯契并未如此明确地提出这个主张,但就其思想实践而言,融"中西马"于一炉的风格、推陈出新的抱负显然表明冯契实践着"综合创新"的道路。
[④]　从1992年、1995年开始算。之所以是这两个年份,理由上文已说。1992年邓小平发表南方谈话,1995年两位哲学家逝世。

005

而言,陈来教授的"仁学本体论",杨国荣教授的"具体形上学"是新近比较著名的两种。从散篇作品而言,各种主张层出不穷,显示了新世纪的丰富性。

第四,个人电脑的普及和互联网的入户是新世纪的技术性标志,为个体的实现提供了技术支持。[1]

无疑,这两样东西揭开了一个新的时代,这点几乎得到公认。与我们的研究主题相关,值得发问的是,这对社会思潮意味着什么?答案仍然是个体的突出。我们可以从思潮的发动者、受众以及思潮的载体本身三个方面来看。

首先,也许和上文表面上相矛盾但实际上并不矛盾的是,在个人电脑不普及、互联网[2]非民用的时代,能够成为思潮的发动者的是少数人中的少数人。他们是通常所说的知识分子,能够写作,并且能够通过传统的报刊媒体发表自己的见解;除此之外,还能够借助课堂、讲座、茶馆、咖啡厅、学术沙龙等公共空间传播自己的观点,成为思潮的源头。但是,能够这么做的永远是极少数人。民众因为技术原因而被排斥在思潮

---

[1] 当然,汪晖也指出,现代信息技术的发展并未从根本上改变国际间、个体之间不平等的格局:"席卷当代世界的信息技术革命的浪潮,并未改变压迫和剥夺的基础结构,对于无法占据技术革新前沿的边缘区域而言,霸权国家和统治阶级进行技术操控的能力反而更加增强了。"汪晖:《"毛主义"的幽灵》,《马克思主义研究》2016年第4期。但是,同样应该承认的是,现代信息技术的发展提升了国家或者个人相比于原先的开放水平。然而"道高一尺魔高一丈"的情况还是存在的。

[2] 互联网诞生之初的用途主要是出于军事考虑以及科研目的。

的发动者之外,他们往往只能呼应思潮,虽然从另一个角度看,知识分子的思想创造也会受到民众的启发,在这个意义上,民众是培养思潮的土壤。

个人电脑的普及和互联网的入户在技术上让更多的人成为思想的表达者,制造着众多的思潮的发动者。引起我们注意的是,20世纪末网络文学的明星作家在以前是极少有机会崛起的,但借助于互联网,他们一呼百应。他们有时候的确具有"南面王"的气势。21世纪之后,互联网喷薄发展,博客、社区直至新近的微博、微信公众号等都成了传播思想、酝酿思潮的载体。

从另一方面看,电脑、互联网技术也在培养着比以前更多的受众,扩大了思潮的影响。原先,由于载体的限制,思潮难免局限于所谓的精英团体。进入新世纪之后,更多的个体成为终端,接受着互联网上五花八门的思想动态的影响。他们极易成为某些击中他们需求的社会思潮的俘虏和进一步的传播者与推动者。

在某种意义上,互联网的普及成为确定新世纪社会思潮的一个重要标志。正如20世纪社会思潮的汹涌离不开报刊媒体的层出不穷,[1]新世纪新载体的普及化意味着相同的情况会重演,而且更加厉害。而麦克卢汉所说的"媒介即信息"

---

[1] 参见高瑞泉主编:《中国近代社会思潮》,华东师范大学出版社1996年版,导论,第9页。

又在不停提示我们,新媒体的出现也在改变着其承载的信息亦即思潮的特征。只是对此我们需要更深入地体会与研究。① 可见,新媒体一方面成为了社会思潮的重要载体;另一方面,不要忘记,互联网联系起来的是位于各个终端之前的个体。这种物理性的特征似乎也在宣告"新世纪"是一个"个体的时代"。

二、两大主题:政治哲学与精神哲学

新世纪以来,中国究竟有多少社会思潮?计其大者,有以下几种:左派,包括老左和新左;自由主义;文化保守主义,其中比较著名的有当代新儒家、新墨学、新道家、新法家等;新权威主义;民主社会主义;宪政社会主义;民族主义。这些社会思潮,包含政治哲学的设计和精神哲学的规划两方面的内容。这两个主题的实质,是要解决个体安身与立命的问题。而每一种社会思潮作出了不同的设想,呼应着不同人群的诉求。②

此处,对以下社会思潮予以简短的介绍。需要提请注意的是,本书在研究时,并不会将每一个思潮专题化。而是会在不同主题下,涉及相关思潮。故此处主要是对重要的社会思

---

① 很可惜的是,由于笔者主要接受的是哲学训练,对于新媒体如何具体影响社会思潮的过程,研究不够。但这无疑是一个重要的话题,值得社会学、传播学等专业的同道深入探索。
② 没有呼应也就没有思潮,而只有思想。思想可以是私人性的,思潮必须具有公众的维度。

潮进行鸟瞰。另外还需要提及的是，由于社会主义核心价值观、中国梦、人类命运共同体的主流意识形态思潮已经为人们所耳熟能详，所以这里也不作介绍。但是，本书会展开研究。

（一）**左派。**包括新左派和老左派。前者以汪晖、崔之元、胡鞍钢、韩毓海、王绍光、甘阳等人为代表，后者以"乌有之乡"为基地。两者的共同特点是高度赞扬平等、公正，关注底层利益，强调共同富裕。差别在于后者主张回到毛泽东时代，前者注意吸收国外马克思主义的成果。他们的洞见在于肯定平等是重要价值，不足在于有平均主义的倾向。这个思潮在新世纪获得了新的发展。尤其是新左派，是在1994年与自由主义的论战中发展起来的。就其主张而言，无疑为个体的社会层面的命运作出了安排。相对而言，对于个体精神世界的建设问题，言之过少，主要还是主张回归集体主义，但是，在新的时代如何协调个体与集体主义，这是一个颇难化解的问题。

（二）**自由主义。**自由主义也是在20世纪初就诞生了的，在新世纪获得了新的发展。早先以许纪霖、朱学勤等人为代表。进入21世纪之后，高全喜、周濂、刘擎、周保松、钱永祥，以及刘瑜、熊培云等人崛起。一方面，他们继续主张自由的核心价值，主张现代民主政治，并且对新的政治哲学的重要概念比如正当性等问题[1]展开了研究；另一方面，在与其他社

---

[1] 参见周濂：《现代政治的正当性基础》，生活·读书·新知三联书店2008年版。以及近期众多关于正当性的论文。

会思潮的论战中,他们发生了从政治自由主义(political liberalism)到整全性自由主义(comprehensive liberalism)的转折,力求在国人的精神世界的建设问题上有所发言。这点突出表现在许纪霖的若干作品之中。他认为当今社会思潮泛滥的一个原因就是人们寻求心灵世界的安顿。[1] 而周保松明确将其随笔集取名为《走进生命的学问》,[2]将自由与生命而不单纯是政治哲学联系了起来。周濂的随笔集《你无法叫醒一个装睡的人》[3]也直指世俗犬儒主义。高全喜主张保守的自由主义,也试图结合政治自由主义和精神哲学上的古典主义。但是,自由主义根本上难以提供时代所需要的精神哲学。对此,第五章将予以进一步说明。

(三)新权威主义。以萧功秦、张维为为代表。发端于20世纪80年代末,进入新世纪以来,在代表人物上比较薄弱,原先的吴稼先发生了转变。但同时又加入了一位新人物——张维为。张维为并未明确打出新权威主义的旗号,但其思想实质便是。[4] 这个思潮,由于和当代中国政治的实际比较接近,影响不可小觑。萧功秦主张在政治权威的领导下发展经济建设,在此过程中发展公民社会,培养公民的政治能力,逐步实现民主政治。张维为则将民主诠释为"良治",以经济效益提

---

[1] 参见许纪霖:《启蒙如何起死回生?》,北京大学出版社2011年版。
[2] 周保松:《走进生命的学问》,生活·读书·新知三联书店2017年版。
[3] 周濂:《你无法叫醒一个装睡的人》,中国人民大学出版社2012年版。
[4] 深入论证请参见本书讨论新权威主义的章节。

供足够的正当性。相对于自由、平等,他们高度注重秩序。不足之处在于不能有效地回答政治权威何以允许公民社会的建设的问题,不能有效回答作为政治权利的民主与作为民生状态的经济之间如何等同的问题;也不能回答人心建设怎么办的问题,更多是在政治哲学上有所主张。可见,对于个体,他们试图在社会层面上予以合理的安顿。在新时代,新权威主义获得了新的发展,值得关注。

(四)民主社会主义。主要以谢韬发表于《炎黄春秋》2007年第2期的《民主社会主义模式与中国前途》[①]为代表,他们主张社会主义和民主相结合。以北欧国家为模范,其核心理念是民主宪政、混合私有制、社会市场经济、福利保障四条原则,尤其主张高福利和高消费。作为一种在国外比较成熟的政治哲学,民主社会主义在一般的层面上能够有效地安顿个体的社会生活,但是否能够与中国的现实相符合,却是一个问题。另外,就精神世界的建设而言,民主社会主义并没有提出明确的主张。相比于自由主义、新权威主义,这个思潮几乎昙花一现。但其发动之初,的确在海内外引起风动,也上接了1940年代民主社会主义的主张。

(五)文化保守主义。进入21世纪,这股社会思潮势头

---

① 谢韬:《民主社会主义模式与中国前途》,《炎黄春秋》2007年第2期。

强劲,在社会上表现为普遍的"国学热",如今满大街的各种国学招牌可谓明证;在学术层面上,起点大概便是著名的"亲亲相隐"的争论,持续时间也颇长;直至当下,又有"大陆新儒家"的集体面世,经学的复兴,"新康有为主义"的提出。

无疑,现代新儒学也是一个已经有百年的社会思潮,但大陆新儒学却是在21世纪明确登场。代表人物众多。他们主张回归儒学,面对现实,建设具有儒学特色的政治制度,用儒家的资源灌溉当代中国人饥渴的心灵。在民间,于丹等人也是炙手可热。然而,新文化时期陈独秀的提问:为什么儒学总是和专制主义联系在一起?儒学如何清除百年反思所带来的负面效应?更加严重的是,如何扭转漫长的宗法专制时期儒学的复杂形象?这些始终是需要认真对待的问题。相比于其他社会思潮,儒学历史悠久,在政治哲学与精神哲学上都有丰富的资源,这两个也是其颇为擅长的领域。但是,现代的个体如何在儒学中得到正视与安顿,这是当代儒学所面临的重大挑战。

当前明确出场与大陆新儒家抗衡的是新墨家。墨学的复兴也是现代中国的一个重要话题,其主旨包含了科学、政治哲学以及新的理想人格的追求。梁启超和胡适是近代墨学复兴思潮两位代表性人物。新近产生的新墨家不仅继承了这些话题,把梁启超、胡适看作是自己学派的重要成员,而且,他们结合新的时代展开了新的讨论,比如对于墨学如何成为普世价值的讨论。他们明确提出"大乘墨学",[①]呼应全球化时代提出的挑战。战国时期的儒墨双峰对峙似乎在今日会重现。也因此种源远流长,新墨家在政治哲学和精神哲学上都为个体勾画了新的图景。

总体而言,文化保守主义内部支脉甚多。在内容上既有"大陆新儒学",又有"新道家""新墨家""新法家"等,新近又产生"新子学",蔚为大观,其平台性、框架性的特征颇为明显。

(六)宪政社会主义。这个思潮试图将社会主义和宪政结合起来,以华炳啸[②]为代表。他们反对斯大林式的社会主义,主张从自由主义的宪政民主中,汲取宪政、民主、法治、人权和分权制衡等方面的思想养料,主张保障人权,实现宪政民主,发育公民社会,促进民主宪政化、国家社会化、社会自治化、主体自由化。主张建立以公意为引导、公民社会为基础、共和治理为原则、宪政民主为保障、共同富裕为条件、"自由人的联合体"为目标的共同体社会。很明显,这个思潮的重点也在政治哲学上,对于精神哲学暂无考虑。

这个思潮也在短期的热闹之后归于沉寂。目前学界对它的介绍也是比较充分了。[③] 所以,本书并不专门研究。

---

① 黄蕉风主编:《非儒:该中国墨学登场了》,国际华文出版社 2016 年版,第 324 页。
② 参见华炳啸:《超越自由主义:宪政社会主义的思想言说》(修订版),西北大学出版社 2011 年版。以及该作者主编的多辑《宪政社会主义论丛》。
③ 比如萧功秦的《超越左右激进主义——走出中国转型的困局》,浙江大学出版社 2014 年版,就此宪政社会主义作了很好的研究。

(七) 民族主义。1997 年,"中国可以说不"派浮出水面,明确高举民族主义旗帜。不过,与其他社会思潮不同,民族主义主要表现在民间,化为民众的爱国行为,蓬勃于各大网站的论坛上。其基本要义是面对外国的挑衅,民众表现出的爱国之情。新世纪以来,中国南海争端、与日本的关系一直是热点,也是民族主义情绪的激发点;2018 年以来,中美关系、贸易战则成了新的聚焦点。民族主义的特点在于能够凝聚人心,发挥建设现代化中国的强大动力;不足在于很容易走向极端,形成破坏性的力量。个体在民族主义思潮中不仅找到了归属,而且获得了"家"的感觉。这个思潮之所以具有那么大的吸引力,或许便是与它对个体身与心的双重安顿密切相关。原先著名的有自由主义色彩的作家摩罗皈依民族主义乃至国家主义,从其心路历程看,或许就是一个富有说服力的例子。[①]

然而,何谓理性的民族主义?如何规驯民族主义?我们的兴趣不在全面系统地介绍新世纪以来民族主义的发展状况,对此,已有研究成果面世。我们的重点在介入相关讨论,提出自己的观点。相对而言,从篇幅中可见,对中国民族主义的澄清是本书的用力点之一。我们试图在与各个社会思潮的

[①] 参见许纪霖:《当代中国的启蒙与反启蒙》,社会科学文献出版社 2011 年版,第 214—235 页。必须指出的是,许纪霖认为摩罗是从启蒙走向虚无主义,但是,由于他所说的虚无主义指的是启蒙价值的虚无,而其走向,则是"国家祭台"(第 214 页),因此,这种虚无主义其本质是国家主义、民族主义。

对话中,提出中国民族主义的走向。

三、澄清若干问题

有的读者也许会提出:无疑,新世纪存在着许多社会思潮,以上所论述的这些我们都可以承认,但是,这些思潮为什么是个体时代的思潮?还有,难道以前没有过个体时代吗?等等。很多问题需要进一步澄清。

第一,如何看待民族主义与个体的关系?

1990年代以来,民族主义一方面是某些学者(比如"中国可以说不"派)提倡的主义;另一方面又是许多社会思潮所共有的底色。后者的意思是,无论他们各自的具体主张是什么,在面对民族国家的大是大非问题上,有时候宁愿舍弃自己原先的观点或者采取与自己原先的主张相矛盾的主张。个体因此而被淹没在群体中。中国历史上的典型表现大概就是胡适等自由主义者。自由主义以个体自由为圭臬,但在二十世纪三四十年代国家面临外敌入侵的情况下,自由主义宁愿放弃个人自由的主张,一致以国家为重。在这个意义上,个体是与民族主义相悖的。

但是,新近的研究却发生了转向。学者们揭示出个体与民族主义之间的积极关系。更加重要的是,新世纪以来的自由主义思潮把如何处理与民族主义的关系当作一个重要的课题。"自由主义的民族主义"(liberal nationalism)是新近20年来自由主义思潮的一个重要主题。其要点在于,他们把民族主义理解为政治民族主义、公民民族主义,把个体对现代民主政治原则的认同看作是构建民族的核心认同,而不是将民族认同的符号建筑在血统、文化的基础上。由此,个体不仅是组成民族的基本元素,而且,个体自由、个体权利是民族之为民族的黏合剂,否定了这点,自由主义便不再承认那是真正的、合理的民族主义。

当然,这是就自由主义的民族主义而言,对于其他主张特殊的认同符号(血缘、文化)的民族主义而言,个体难道没有被吞噬吗?的确,具有集体主义倾向的民族主义本身也是民族主义的一种类型,[①]这种情形下,如何理解"个体的时代"的提法?我的回答是,这种类型的民族主义成为了被解放了个体的归宿。

为了更深入地说明这个问题,我们以国家主义这个与民族主义颇为接近的思潮为例来加以解释。上文已述,新世纪以来原先属于自由主义阵营的思想者转向了国家主义,典型如摩罗。这种转向何以发生?许纪霖的观点是,在个体被更严重地抛于这个世界上的时代,他无力安顿自己,急需一个群体来为自己的生命寻找意义。这个有力的群体就是国家。[②]

[①] 格林菲尔德教授把民族主义区分为三种类型,其中集体主义的民族主义就是一种类型。参见[美]格林菲尔德著,王春华等译:《民族主义:走向现代的五条道路》,上海三联书店2010年版,序言。
[②] 许纪霖:《当代中国的启蒙与反启蒙》,社会科学文献出版社2011年版,第214—235页。

导论 个体的时代：新世纪社会思潮鸟瞰

民族主义便具有与国家主义同样的价值。解释路径也是一样的。

第二，如何看待新世纪的个体特色与其他特色的关系？

一个时代，当然可以从不同侧面加以刻画。个体倒向国家主义，一方面固然可以看作个体彷徨无助寻找依归的结果；另一方面，也可以看作群体仍然强大，压倒个体而成为时代主旋律的过程。对于后者，我们也是能够找到许多证据的。在文化保守主义中，传统的民族主义[①]依然是主流。新儒家、新墨家、新法家，就其原始形态而言，都是集体、整体为上的。这点是常识。新权威主义也主张在某个阶段将权威置于个体之上；个体反转而为主体，是在公民社会成熟之后的事情。[②] 在宪政社会主义中，宪政突出的是个体，社会主义突出的是集体，宪政社会主义的提法便有协调两者的意味。至于左派，其集体主义乃至整体主义的倾向更加严重、浓厚。[③] 那么，为什么还说这个时代是一个个体的时代？

也许一个道理在于，从我们对"新世纪"的特色的刻画来说，个体从未如此突出。这不仅是一个时代的自我认识，也不

[①] 所谓传统的民族主义，指的就是非自由主义的民族主义，其认同标志仍然是血统、文化。
[②] 具体参见本书第四章论述新权威主义的部分。
[③] 左派注重平等，自然也是指向个体的平等，但是，这种平等是在群体中的平等。也许我们可以引进写作了《正义论》的罗尔斯的平等自由主义来说明这个问题。罗尔斯的论证的一个要点就是论证社会对于个体的成立的意义，所以我们必须照顾到弱者的利益，因为他们也组成了群体，缺乏他们，社会将崩溃。

仅是社会结构的改变所必然推动的,还不仅是主体性哲学的深化,而且,在技术上,个体获得了新的解放,赋予了新的权利。思想自由、言论自由等借助于新媒体获得了前所未有的确认,操作上也成为了可能。

我们也看到了这个世纪其他特色的反应。新媒体解放了个体,但和以前所有的时代一样,国家再一次行使了其管理的职责。我们不能说管理国家的也是个体,所以这还是一个个体的时代。这种说法是狡辩。国家一旦诞生,具有了自身的特殊使命。霍布斯称之为利维坦,某种程度上的确抓住了要害。但这些,我们把它们看作是个体性的另一面,如果不是反面的话。他们,一方面是个体性的补充;另一方面则是个体性的对应物。"对应物"是"反面"的委婉说法。所谓补充指的是,当我们说这个时代是一个"个体的时代"的时候,并不意味着个体就是自足的,就是能够自我确认的,就是毫无依傍的。简而言之,个体在寻找归宿,在社会生活和精神生活两个方面寻找归宿。新世纪的社会思潮合理与否,需要改进与否,是否能够满足个体寻找归宿的要求,是一个重要的评判标准。

第三,如何看待"个体的时代"与先前时代的关系?

新世纪就是对先前时代的逻辑发展。新世纪之前是 20 世纪。这个世纪,从 1949 年之后可以称之为"集体主义的时代"。[①]

---

① 事实上,作者已经撰写完成《集体主义的时代——当代中国价值观研究》专著初稿。

一方面是计划经济的权威地位不容置疑,即便进入社会主义市场经济时期,人们还是一再肯定其价值主导原则应该是集体主义的[1];另一方面,从理论建设到学术史研究,还有理想人格的确立,集体主义可谓核心范畴。在这方面,理论上,产生了周原冰、罗国杰等集体主义伦理学的代表;在学术史研究上,集体主义成为评价前人理论贡献的基本标准;理想人格上,雷锋、张华等人的光辉形象虽然一再被诠释,但其基本要义还是集体主义。

历史的车轮进入1980年代之后,集体主义还是官方的主流意识形态。[2]但其正当性开始撕裂。潘晓来信,蛇口风波,这些庸常但却具有思想史意义的事件发生了。[3]个人主义思想蔓延了。我们看到了集体主义的兴衰。

进入新世纪之后,集体主义不仅为民间左派所主张,而且还是主流意识形态。但是,它已经成为个体可以独立选择的一个价值标准,而不是唯一标准。在这个意义上,虽然在先前的集体主义时代个人也是具有自由的,但在新世纪之后,这种

---

[1] 查1990年左右论述社会主义市场经济和集体主义关系的文章,持此种论点者占了绝大多数。当然,研究者们同时也主张要对集体主义作正确的理解,看到集体主义中对个体权益、尊严的肯定。但是,无论如何肯定,集体主义之所以为集体主义,正是因为其主旨是为集体服务的。
[2] 甚至,进入新世纪之后,集体主义还是主流意识形态。也许需要提请读者注意的是,我们把新世纪界定为个体的时代,而不是个人主义的时代,一定程度上便是肯定了集体主义的存在。
[3] 对于1980年代伦理思想史变迁的基本轨迹,可以参见高瑞泉、杨杨等著:《转折时期的精神转折》,上海古籍出版社2005年版,第233—358页。

自由的领域更加宽广。对集体主义的自觉认识并不必然导致自愿选择并且遵守,还可能是自愿放弃而并不实践。在这个意义上,集体主义本身也具有了更大的自由度。它不再以变相的"天理"的模样出现,而是允许个体自己甄别、选择。[1] 这也给了它自身一线生机。事实上,我们的确看到有很多人真心诚意地将集体主义当作自身的行为准则。

第四,如何看待个体时代与其他个体时代的关系?

一方面,新世纪除了个体的时代之外,还可能有其他特色;另一方面,称得上是个体的时代的,大概并非新世纪一种。也许近代中国[2]从某些方面看也是具有这个特征的。

首先,从技术的角度看,现代报刊媒体的诞生及广泛传播是个体得以确立的技术性前提。而近代中国就是具有这个条件的。不过,显然由于教育程度和范围的有限,能够接触报刊媒体的人也是有限。少数的人成为了个体。

其次,从时代的自我认识的角度看,对于近代中国,有很多说法,比如"过渡的时代"[3]"大时代"[4]。对于新世纪,却很少有那么多的自我认识;不过,比较集中的表达大概是"碎片

---

[1] 冯契论程朱理学的"天理",可以参考。参见冯契:《中国古代哲学的逻辑发展》(下册),上海人民出版社1985年版,第843页。
[2] 指的是1894—1949年。
[3] 这是张灏的观点,但却是源自梁启超本人的认识。参见张灏:《梁启超与中国思想的过渡》,江苏人民出版社1995年版。
[4] 这是许纪霖的观点。参见许纪霖:《大时代中的知识人》(增订本),中华书局2012年版。

化"的时代。这自然也是源于新媒体技术所导致的阅读习惯的改变,以及人的存在感觉的自我体认。

再次,从哲学创作的角度看,近代中国还是诞生了不可小觑的具有自身特色的哲学体系。冯契甚至把 1930 年代称为专业哲学家诞生的时代。[①] 哲学作为对创造性要求颇高的一门学科,无论具体而言其主张什么,就其创造性来说,就是主体性、个体性的发挥。就此而言,近代中国是超越新世纪这二十多年的。

最后,但肯定不是最不重要的是,近代中国实质上分裂的状态为个体的时代提供了社会结构上的支持。如果联系 1980 年代以来经济改革大幅推进,政治改革千呼万唤的情况,那么,近代中国在经济上发展迟缓,在政治结构上反而因为分裂而给个体创造了游刃有余的空间。时代的特色和邓小平的南方谈话相比,具有异曲同工之妙。但同样毋庸置疑的是,一个整全性的民族国家对于个体的意义无论如何形容都不过分。在这个意义上,新世纪作为"个体的时代"与近代中国相比,具有螺旋形上升的意义。

---

① 参见冯契:《中国近代哲学的革命进程》,上海人民出版社 1989 年版,目录。

第一章 时代与思绪:国学、儒学与墨学

中华传统文化的复兴是当代一大社会思潮,甚至值得专门写几本书。但也正是鉴于值得作专题研究,本书并不作全面的研究。我们认为,文化保守主义的复兴的根本原因还是在于现代以来价值迷失的持续和加深,而价值迷失是一个世界性的现象。我们抓住发生在中国当代的"秘密花园"涂色书的畅销、"当代中国道德箴言"等事件展开讨论。此之谓"论时代"。

国学、儒学与墨学是文化保守主义复兴的三个关键词。我们抓住随机性的思潮事件,及时地亮明自己的观点。既涉及文化保守主义发展的某些侧面,又以介入的方式回应了社会思潮。

第一章　时代与思绪：国学、儒学与墨学

第一节　论　时　代

一、现代人精神世界的"秘密花园"
　　——《秘密花园》热销启示录

2015年春夏之交,有一本书热销,书名叫《秘密花园》。各大网络书店如亚马逊、京东、当当据说已经断货良久,令后来闻风而动者恨得牙痒痒。当然也有乐得合不拢嘴的,比如经销商,比如卖彩色铅笔的。这本书的一个特点就在于它是需要读者来一起完成的,而完成的方式,就是用彩色铅笔来填充书页上的图案。在我看来,此书的热销从一个侧面揭开了现代人精神世界的隐秘一角。注意,我说的是现代人,而不是现代中国人。因为此书据说是从欧美开始热销的,可见其中包含着某种超越了国界的普遍性问题。

这个问题便是,现代人的精神世界究竟是色彩绚烂的花园,还是荒芜一片?

从表面上看,答案自然是前者。当待字闺中的大龄剩女兴致勃勃地购买了500色的彩色铅笔预备在《秘密花园》上一展身手,当尚有嗷嗷待哺的满月婴儿在怀的少妇也忙里偷闲在《秘密花园》上大肆涂抹……这无疑意味着此书营销的胜利。似乎也从一个角度证明了买书者精神世界的丰富多彩，业余爱好的多样化。

不过，如果我们换一个角度看，也许不妨说，人们之所以那么喜爱这本书，一方面是因为读者也积极介入了书的创作过程中，每一读者当他拿起彩笔的那一刻，都成为了作者；甚至当他翻开本书的那一刻，即便手中无笔，也是一个优秀的作者，因为他以白描的方式完成了此书，也当列名作者之中。另一方面，这种创造与完成又包含着美丽的误解：人们错以为，自己能够成功地改变这个世界。终于，除了自己的婚姻和难以伺候的婴儿之外，还有一个书本的世界，是自己所能够掌控的，自己需要的只是一支笔。

但是，这是一个严重的错觉。在人们拿起彩笔涂抹《秘密花园》上的图案时，事实上，唯有色彩他能掌控，其他则无法置喙。连图案都是现成的。这真是一个极大的讽刺。因为相对粗放型的涂色作业而言，线条的勾勒则要细致得多，也困难得多。试问，有多少人受过勾勒精确线条的训练呢？屈指可数；但大概所有的人都天生是一个涂色专家。应该说经销商是聪明的，他们没有给读者一本只有色块而没有线条的《秘密花园》，因为那样搭伴卖掉的只是单色铅笔，不利于他们另一个事业——500色彩色铅笔的销售；更加重要的是，很少有人能够完成线条勾勒的重任。仅此一点，就显露了色彩斑斓之后的尴尬与无助。

第一章 时代与思绪：国学、儒学与墨学

这依旧是一个平凡的世界，却因绚烂的色彩而令人误解。但绚烂的是什么？彩笔绘就的世界。12色也罢，500色也罢，我们当然一方面要承认笔的力量是巨大的，因为笔勾连着观念，是观念表达的重要工具，而观念，在唯心主义者那里，是第一位的。朱熹说：毕竟先有此理，再有这个世界；而唯物主义也承认观念的积极反作用——但是，那毕竟只是笔下的世界。"纸上得来终觉浅。"说得玄虚点，用彩笔的方式来改变世界，这种做法是抽象的。

而在《秘密花园》之外，是捉摸不定的股票世界。既然不能在股票上挣一点零花钱，甚至把私房钱都赔进去了，那么，还是买一本《秘密花园》驰骋一番吧。

从历史的角度看，此书的热销从某种程度上又表明现代人重新回到了为严复、康有为、梁启超等早期启蒙者所批评的"埋首于故纸堆"的弊病之中。这些从旧阵营中闯出来但一只脚还没有跨出来的早期启蒙者深刻地认识到，古代中国绝非没有现代精神，但其主要的一个不足是将身心投入故纸堆中，没有面向整个现实世界发问，而"圣人之师，万物也"[①]。换而言之，现实世界，而不是书本，才是圣人的真正老师。如果联系这些论述，《秘密花园》可谓另一种形式的故纸堆。在内容上、装帧上，它当然崭新无比，但就其将身心束缚于方寸之间

---

① 康有为：《日本书目志》，《康有为全集》（第三集），中国人民大学出版社2007年版，第287页。

的那一书页而言,与考据学有着异曲同工之妙,甚至在精细性、所需付出的劳力、心思上又不及它。这种不及,又从一个侧面反映了现代人的急躁。

但我相信人们会很快将《秘密花园》弃之如敝屣。[①] 它只是现代人填充空虚精神世界的一个选项。这个选项的地位,如同人们其他的娱乐,如足浴,如精油开背,如电影,如电玩,如旅游……但在某些方面又不及后者。比如对肉体痛觉的触摸,对人性暧昧处可能的涉及,对高峰的追求……

马克思在《论费尔巴哈的提纲》中说,重要的不是解释世界,而是改变世界。用铅笔涂抹《秘密花园》,乍一看是改变世界的作为,但其实质只是解释世界,甚至是以一种模糊的方式解释世界。当人们完成一幅新画,在微信圈里晒出博取赞扬的时候,客观世界依旧强硬。但人们已对此不感兴趣,麻木不仁。人们早已对许诺改变世界的激进主义兴致寡然,激进主义在一时的狂热之后也没能及时为现代人精神世界的建设提供指导。按照伊曼纽尔·沃勒斯坦(Immanuel Wallerstein)的说法,现代性本质上是自由主义的。[②] 但自由主义一再退缩,只愿就政治哲学话题展开讨论,而将精神世界丢给渺小的

[①] 本部分成文于 2015 年。修订时已然是 2018 年末。热销的《秘密花园》早已沉寂多时。
[②] 沃勒斯坦:《三种还是一种意识形态?——关于现代性的虚假争论》,《现代性基本读本》(上册),汪民安、陈永国、张云鹏主编,2005 年。

个人自己打理。① 在这种背景之下,文化保守主义自然当仁不让,大大咧咧地开始坐镇精神世界。视之如儿戏的现代人在瞥了一眼文化保守主义之后,买本《秘密花园》自然也在情理之中,虽然在手酸腿乏之际,他们也愿意听听几个国学大师的唠叨。

现代人的精神世界荒芜一片倒也不至于,但它果然是一个"秘密花园",难以名状。

二、关于"当代中国道德箴言"

2017年4月1日,吴根友教授等五位学者在《光明日报》发布《当代中国道德箴言三字经(征求意见稿)》。② 这个稿子可以看作是应对当代国人道德失范的一个重要文本。然而,问题并未完全澄清。好在那是征求意见稿,鄙人不揣浅陋,将不解之处简单罗列如下,恳请斧正。

不解一:这是当代中国道德箴言,还是关于中国道德的知识?

什么是箴言?指的是能够成为人们行为处事准则的言论。"规劝儆戒的话。"③换而言之,它们是规范,一般是以"要……"的形式表现出来的。比如,"在公共汽车上要给老弱

---

① 此之谓自由主义的中立性理论。
② 吴根友等:《当代中国道德箴言三字经(征求意见稿)》,《光明日报》2017年4月1日。
③ 董大年主编:《现代汉语分类大词典》,上海辞书出版社2007年版,"箴言"条。

病残孕让座",表达的就是一条箴言。就其表面看,它们也可以是知识,也就是说,懂得了这些规则,你就不是无知的了,而是一个文明人。但是,这种知识显然和死去的知识不可同日而语。那些死去的知识,就像博物馆里的陈列,你掌握了,可以谓之博学,可是,根本上它们并不能指导你的行为处事。如果你认为那就是你的行为规范准则,往往会被讥为脱离时代的老冬烘。

为什么会产生知识还是箴言这个疑惑?因为作者在总论之后,将"箴言"分为两部分:中国传统道德和中国现代道德部分。这就叫人费解了。明明是"当代中国道德箴言",为什么要引进传统道德和现代道德?我们当然知道当代道德显然是古今中西交汇的产物,可是这并不意味着先前的道德在今日必然还有生命力。以总论、中国传统道德、中国现代道德的方式呈现文本,似乎在说这是关于中国道德的重要知识,可是作者的目的是确立当代道德规范!

传统道德作为知识无论如何重要,能够毫无争议地指导我们今日的行为处事吗?这个问题不解决,急着罗列箴言,未免为时过早。

不解二:究竟什么是中国传统道德的优秀成分?

作者明确指出,他们是认同冯契的观点的,此即高度肯定平民化的自由人格是当代人格的典范。冯契是当代中国少有的几位建立了自己哲学体系的哲学家之一,其哲学体系名为

"智慧说"。新版的《冯契文集》也已编辑出版。但是,据我所知,冯契对中国传统道德有一些明确的判断,却在这篇"箴言"中被抛弃了。

冯契说:"中国传统的优秀传统却主要不体现在这些理学唯心主义者那里。"他们主张"从'无对''复性'('复其初')来讲'天人合一'。"①自然,身处 1980 年代早期,冯契在用语上也难免打上了那个时代的烙印。但是,他的基本意思还是很明确的。

正是为冯契所批评的这些观点,今日却成了《当代中国道德箴言三字经(征求意见稿)》"中国传统道德""敬天地"部分的正面内容:"敬天地,顺自然;明大化,晓阴阳。天无私,地无颇;循天地,王道平。"

这里的重点不在于我们的老祖宗有没有说过这些话,也不在这些话是对是错,而在于:第一,我们的古代传统,是多元化的。目前的道德箴言只突出了某一部分、某一流派。第二,就为其所称道的冯契的主张而言,显然更加看重荀子、柳宗元;刘禹锡、王夫之所代表的强调天人二分、天人互动的传统。他的平民化的自由人格的核心内涵也正是这点,而不是"顺""循"之类。抛弃了荀子、王夫之传统,所谓的平民化的自由人格,很可能只是一个披着当代外衣的传统的子民、臣民、醇儒而已。

顺便说一句,作者所称道的王夫之的"习成而性与成",冯

---

① 冯契:《中国古代哲学的逻辑发展》(上册),上海人民出版社 1983 年版,第 48 页。

契的解释是,"要发挥主观能动性,治理自然,并在人和自然界的交往中,不断改造自己,培养人的德性。"[1]显然,冯契的这种解释中,充满了一股难以抹杀的以奋斗为主旨的现代气息。

不解三:作者引进了一些空洞的、甚至饱受争议的概念。

此箴言高度强调"权利""自由""平等""责任"等,看得出作者试图融汇中西。问题在于,这些词语大而无当。就权利而言,有政治权利,也有道德权利;在对权利的解释中,有一种恰恰是将权利和利益等同起来,远至西方功利主义学派,近至近代康有为、梁启超等人,都有这些倾向。康有为说:"欧美之新说东来,后生贩售,不善择别,误购权利之说挟以俱来。大浸稽天,无不破坏,而险诐悍鸷之姿,遂悍然争利,而一无所顾矣。"[2]这里的要点在于,对于这些概念我们有着纷繁复杂的理解,莫衷一是,以之为箴言,徒然使人糊涂,甚至为人故意曲解,为己所用。

而有的箴言,彼此之间的冲突和矛盾昭然若揭。比如,"总论"部分一方面说:"重权利,倡平等";另一方面又说:"尊孝悌,尚责任。"不要忘记,近代写出"我自横刀向天笑,去留肝胆两昆仑"诗句的谭嗣同在其名作《仁学》中明确说,中国传统伦理道德就是一大"网罗";五伦之中,唯有朋友一伦是平等的。父子、兄弟、君臣、夫妇,都是极不平等的。请问,如何将

---

[1] 冯契:《中国古代哲学的逻辑发展》上册,上海人民出版社1983年版,第48页。
[2] 康有为:《祭梁伯鸣文》,《康有为全集》(第九集),中国人民大学出版社2007年版,第142页。

孝悌和平等结合起来？尤其是，在凝练的"三字文"中避免理解上的陷阱？"蜀道之难，难于上青天。"

当代社会从利益诉求到价值观念，已经不可避免地多元化了。处此"三千年未遇之大变局"，我们是否还应该纯粹从传统文化中去追求、确立大一统的道德观？我们究竟需要什么样的道德观？对于这些问题，仍然需要我们上下求索，本道德箴言勇气可嘉，心志可悯，然路途依然漫漫。

第二节 议 国 学

21世纪初的中国见证了一场无以复加的国学热。然而，国学究竟是什么？今日应该如何建设国学？这些问题依然需要借助多种思想资源予以进一步澄清。

一、国学是什么？
——章太炎的启示

2017年以来，据说国学教育学科得以确立了！[①] 消息不

---

① 之所以说是"据说"，因为相关消息一直在网络上流传，可是，有识之士指出，那些消息似是而非：一方面高度突出了政府对国学学科的重视；另一方面，却始终没有明确说出实践地点、人物等消息必备要素。因此，其确实性不敢断定。但值得注意的是，未经确定的消息却也成为了热点，从中可以看出时代思潮的若干端倪。而众所周知的是，国学的确是当下的一个热点，从民间到学术界，皆如此。

胫而走,成了坊间热闹的议题。学术会议间隙学者们议论,已经成为人们生活方式的微信圈里也在传播这个消息。那么,国学究竟是什么?却是远没有澄清。

从学科建制的角度讲,国学究竟指的是什么当然会有明确的规定,这点几乎是不容讨论的,一旦明确,就需要坚决地贯彻。这也是国家意志的体现。不过,在学理上,国学何谓却是可以讨论的。这无疑有助于我们在进行国学教育时增加几分自觉性,使得我们对国学的理解更加深入,而不会天真地以为穿着长袍、马褂逛街就是在讲国学了。曹聚仁当年就指出,如果"根本上没有明白国学是个什么,也没想到要去研究国学的原因,只不过因循的盲从,胡乱提倡些国学,做冒牌的圣人之徒",[1]那"是很危险的"。而前人比如被誉为最后一位古文经学大师的章太炎对国学的看法,无疑对今日我们理解国学具有丰富的借鉴意义。

从章太炎本人思想发展的历程来看,"国学"作为内容当然是贯穿其一辈子的思想主题。从他入俞樾的诂经学社做学生起,直至临终那一刻,他坚持的就是"饭可以不吃,学不可以不讲"。不过,"国学"作为一个概念,却不是从来就在他的话语体系中获得合法性的。早先,作为国粹派主将的章太炎是用"国粹"来指称后来"国学"所代表的内容的。然而,不

---

[1] 章太炎:《国学概论》,上海古籍出版社1997年版,第2页。

久他便将概念改换成了"国故",并作有《国故论衡》。在第三个阶段,才有"国学"的概念的提出。晚年,章太炎还会使用"国性"来称呼国学。显然,就这四个概念的使用而言,一定程度上可以体现出章太炎对"国学"的看法:"国粹"无疑显示了对传统文化的高度崇敬之情。但是,它难以回答"凡是历史上的就一定是好的吗?"这样的疑问。"国故"则似乎略微走向反面,认为传统文化已经成为历史陈迹,似乎给人某种灰尘扑面的感觉,比不上"国粹"的古色古香。"国性"所指当然也是历史传统文化。章太炎认为,中国当时面对强敌外逼,即便亡国了,只要国性存在,依然有复国的那一天。显然,国性的含义是比较抽象的,不易把握。比较而言,"国学"的提法不仅中立,而且具体。以此为背景,我们似乎也能从"国学"立科而不是"国粹"立科的做法中体会出国家中正的态度。

那么,国学的主要内容是什么?用章太炎的话来说,就是"国学的派别"究竟有哪些?他主要从三个角度展开论述:经学的派别;哲学的派别;文学的派别。这些派别绝非儒学一家所能够涵盖的。

章太炎指出,经学包含着古文经学和今文经学两家,每一家又有各个支系。他本人是古文经学家,认为今文经学所讲的,虽然不完全是宗教,但总体上倾向于此。对此,他是有些不满的。他认为,就"六经"本义而言,"无一非史"。《尚书》

《春秋》都是记事的典籍，是确定无疑的史；《诗经》大部分是为国事而作，只有少量的歌谣，所以也是史；《礼经》记载古代典章制度，是史的一部分；《春秋》胪列事实中寓褒贬之意，是显明的史；《易经》蕴含着史的精华；《乐经》已经失传，但章太炎揣测它是记载乐谱和制度的，所以也包含着史的特性的。可见，章太炎坚持"六经皆史"说，所以正如汤志钧所指出的那样，在国学的派别中章氏并不专列史的派别。由于"六经皆史"，章氏反对对六经"推崇过甚"。这个态度当然和他古文经学的立场密切相关，然而，今日我们再来看"经"，它们究竟是不可移易的"常道"，还是需要与时变化的文本，那是需要仔细考量的，否则一不小心，我们就可能抬举出若干高高在上的教主来，对他们我们只有跪拜的份儿。

关于哲学，章太炎认为中国古代的儒道法墨名以及佛家可谓哲学的主要派别。他认为，《论语》一半讲伦理道德学，一半是哲理。儒家之中，《孟子》《荀子》也谈过哲理；老庄的主张，和哲学密切联系；名家大量地涉及"论理学"亦即逻辑学；墨子的《经上》《经下》是极好的名学；法家之中韩非的《解老》《喻老》两篇，将他与哲理联系了起来。当然，这是章氏对先秦时期的哲学的刻画。事实上，他对中国古代哲学史的论述言简意赅，揭示了国学哲学之部的丰富内容。

在这方面，章氏的观点独到而锐利。比如他认为应该高度重视王充在汉代的地位:"汉得一人,足以振耻"。① 但是,"王充破迷信高出杨雄之上,杨雄新见解也出王充之上"。② 两者应该同时阅读。

还比如,他认为陆象山的弟子杨简的见解超过了陆象山。这个观点窃以为应该引起我们注意。很早就用马克思主义的基本原理研究中国古代思想史的侯外庐曾经明确说过,他的学问得益于章太炎甚多。而他专门开辟章节讨论杨简。③ 这和其他学者很不同。在此,我们似乎看到了章太炎的某种影响。换而言之,章太炎对国学的看法在某些方面其实已经悄悄传入了其后正统的学术观点之中;当然,也许反过来说更加有意思:其后正统的学术观点是如何扬弃章氏的国学观点的? 对前辈学者(比如"侯外庐学派")的做法的研究和反思无疑有助于当下我们如何看待国学。

但也许最为重要的是,章太炎明确表示,国学绝非只有儒学一家。

同时,章太炎的国学观有一个特色需要指出,这就是他会使用现代性的标准来阐释古人。这点充分地体现在他对庄子的理解之中。他认为,庄子的根本主张是平等与自由。《逍遥游》讲的是自由,《齐物论》讲的是平等。"但庄子的自由平等,

---

① 《章太炎全集》(第三卷),上海人民出版社1984年版,第444页。
② 章太炎:《国学概论》,上海古籍出版社1997年版,第36页。
③ 侯外庐主编:《中国思想史纲》,上海书店出版社2004年版,第267页。

和近人所称的,又有些不同。近人所谓'自由',是在人与人的当中发生的,我不应侵犯人的自由,人亦不应侵犯我的自由。"[1]章太炎追求的是形而上的自由,"真自由唯有'无待'才可以做到。"所谓无待,便是什么也不依靠。显然这种说法比较玄虚。值得我们注意的是他对自由这个现代观念的汲取和超越。

而所谓的平等,也已经不限于人与人之间的平等。他不仅要求人与物之间的平等,而且,他还要求克服是非之心、文野之见、彼此之别,"一往平等"。这种对平等的理解,一方面也是玄虚的;另一方面,又包含着克服帝国主义侵略他国时所借用的文明与野蛮的区分的口实。换而言之,章太炎试图借助于重新诠释庄子,来应对西方偏颇的现代性理论。其中无疑包含着积极的古为今用的经验,值得我们反思。

这么说并不意味着章太炎完全站在了现代性的立场之上了。事实上,邵力子便批评章太炎的国学观在某种程度上具有"恶新"的弊病(当然,就章太炎对庄子的诠释而言,邵力子的批评并不成立)。邵力子举出的一个重要的证据就是,章太炎在梳理完文学的派别之后,便对白话文颇多批评。他甚至说:文学"向上努力就是直追汉、晋,所谓向下堕落就是近代的白话诗"。邵力子就针锋相对地指出,"近年来,很有人怕白

---

[1] 章太炎:《国学概论》,上海古籍出版社1997年版,第34页。

话文盛行,国学将废绝,其实看了国学讲演会的情形便可释此杞忧,国学讲演会的听众,据我所知,很有许多人是积极地主张白话文的。做白话文与研究国学决不相妨。"①

也许我们应该还可以补充的是,国学不但可以用白话来讲,而且,它也应该伴有白话的精神。这就意味着讲国学既是面向历史传统文化的,又要求着面向时代和未来,开出新的境界。而国学大师章太炎的观点与做法,在某些方面可以成为我们的殷鉴。

二、经学究竟何谓?
——周予同的回答

今日经学之热,超乎想象。有学者认为,经学为国学之本。而我们都知道,不仅有的学者在推动国学成为一级学科,而且,也已进入了中央党校,成为领导干部的必修课程。2015年6月还有著名学者表示,要把经学还原成一棵生命不息的大树。② 基本意思是两个:一个意思,经学是中国传统文化价值的根本,抛弃经学意味着斩断自己的价值之根,由此,我们必然先是"苏化",然后"西化",就是没有"中国化"。另一层意思,涉及经学如何发展的问题。他认为,在现代条件下对经学

---

① 章太炎:《国学概论》,上海古籍出版社1997年版,第16页。
② 朱杰人:《把经学还原为一棵生命不息的大树》,《光明日报》2015年8月31日。这是2015年6月作者发表于华东师范大学演讲的文字版。

进行注疏就是发展经学的最佳途径。虽然笔者很纳闷,这两层意思之间是否存在紧张、矛盾?因为一旦考虑到对经学进行现代的注疏,那么,这样阐述出来的东西是否还是经学,显然是值得发问的。如果考虑到经学在百年中国现代化的进程中已经声名狼藉,这样创造出来的新东西是否换一个名字会更好?

但也许这些想法都是第二义的。处于第一义的地位的问题是,究竟什么是经学?当我们说经学具有什么样的价值的时候,不要忘记,价值是建立在事实的基础之上的。我们还是先弄清经学之本义再说其他吧。

1926年10月5日,周予同发表于《一般》杂志第一卷第二期上的文章或许可以从一个角度帮助我们理解什么是经学。只是这篇文章的题目放在今日肯定要被口诛笔伐。它叫《僵尸的出祟——异哉所谓学校读经问题》。①

顾名思义,这篇文章的写作缘起是当时学校主张读经。具体而言,周予同看到1926年8月12日上海《时事新报》刊载的一则新闻:江苏教育厅于8月8日训令省立各校,开展读经,"读经一项,包括修齐治平诸大端,有陶冶善良风俗之作用,似应由各校于公民科或国文科内,择要选授,藉资诵习。"而之所以主张在中学读经,理由和今日略有差别。"惟中等各

---

① 周予同:《僵尸的出祟——异哉所谓学校读经问题》,《一般》杂志第一卷第二期(1926年10月5日)。

第一章 时代与思绪：国学、儒学与墨学

校,学生年龄大率正在青春时间,定识定力,均尚未有充分修养,似应一律禁止男女同学,以防弊害,而肃风纪。"也就是说,中学男女学生正处在青春萌动时期,但是认识的充分性和意志的坚定性都不够,因此需要经学加以教育,加强修养,以防事端。与之形成对比的是,该训令并不要求小学或大学读经。理由是,小学生对于男女之防并无认识,而大学生已经是成年人,当自我负责。从这个角度看,当时的江苏教育厅的经学教育还是有覆盖面不足的问题的。今日小学生的读经班屡见不鲜,大学呢？国学一级学科就是针对大学的。但是,此一时,彼一时,之所以读经的理由已然不同。今日读经,重点不在对男女大防有所认识,而是有着更深的关怀：按照开头那些专家的说法,是为了寻找民族价值之根。

周予同在那篇文章里,对读经运动从两个角度展开了批评。其中一个角度便涉及对经学的界定的问题。他的基本意思是,对于经学是什么,众说纷纭；由其无定论,而认定读经的虚妄。

周予同认为,关于经学的定义,至少分为四种：骈文学派、经古文学派、经今文学派,以及古史辨派。

骈文学派起源于清代阮元的《文言说》,到了近代刘师培形成了比较系统的主张。他们认为,经书之所以称为经,因为六经中的文章多是奇偶相生,声韵相协,藻绘成章,是骈文体,就像治丝的经纬一样,所以被称为经。从这个标准出发,其他的非儒家的书籍,只要也是骈文体,也可以被称为经。如《老子》称为《道德经》,《离骚》称为《离骚经》,等等。周予同承认这种说法过于宽泛,将文学(如《离骚》)、哲学(如《老子》)和一般公认的经学(如《论语》《孟子》)混为一谈。问题在于,毕竟这也是一种说法,如果从这个角度看,主张读经的圣贤们是否也主张读文学?

必须指出的是,周予同自己也并不认同这种说法;同时,主张读经的人心目中,经学如果不是今文经学意义上的,就是古文经学意义上的,读骈文说也是不认同的。那么,从比较经典的古文经学的角度看,经学又是什么?

周予同认为,古文经学所认为的经,也只是书籍的统称,而不是孔子的六经所专有的。孔子之前,固然有所谓的经书;孔子之后,也会产生可以被称为经书的群典。这里的关键在于,经就是订书的线,"所以只要是线装的,全可以称为经"。古文经学的最后一位大师章太炎在《国故论衡》中也明确说过类似的话:"是故,绳线联贯谓之经。"[1]在《原经》篇中,他列举了很多证据证明,兵书、法律、教令、历史、地志、诸子等,都是经。

显然,从某种角度看,这种说法具有一定的正确性,因为经显然不能以是否出自孔子为断。这种说法对经的范围持开放的态度,其实高度肯定了中国人的未来的创造性;否则,一

---

[1] 章太炎:《国故论衡》,上海古籍出版社2003年版,第54页。

方面固然"天不生仲尼,万古如长夜";另一方面,中国人又在孔子巨大权威的压制之下,沦为附庸。[①] 从这个角度看,开头提到的某位专家所说的今日经学的重要任务是进行现代的注疏,这种说法难免还有抹杀中国人的主体性,把自己看作孔子附庸的痕迹。试问,为什么我们后来的中国人不能创造新的经典,而必须处在注疏的地位上呢?

不过,换一个角度看,将经理解为订书的线,似乎又削弱了经的崇高地位。因为很显然,从这个定义出发,任何只要线装的书都可以成为经。反过来看,却又存在某种吊诡:在今日线装书退出历史舞台,成为少数文人雅士的特殊爱好的情形下,胶装的古代的经典能不能称为经? 如果说,这还是因为时代之异,装帧形式发生变化,对具体内容并无影响(姑且这么说,其实我个人还是持保留意见。加拿大媒体专家麦克卢汉说过,媒介即信息,即载体的变化意味着信息实质的变化),那么,我们这些后生的中国人还能不能创造经典? 利用电子技术(如电脑)创造出来的能不能归为经典? 从这个角度看,以订书的线来定义经,又简单而粗暴地抹杀了中国人的创造性。

---

① 陈独秀就持这个观点。陈独秀说:"孔学优点,仆未尝不服膺,惟自汉武以来,学尚一尊,百家废黜,吾族聪明,因之痼弊,流毒至今,未之能解;又孔子祖述儒说阶级纲常之伦理,封锁神州。斯二者,于近世自由平等之新思潮,显相背驰,不于根本上辞而辟之,则人智不张,国力浸削,吾恐其弊将只有孔子而无中国也。"(陈独秀:《再答常乃惪》,《陈独秀著作选编》(第一卷),任建树主编,上海人民出版社 2009 年版,第 293 页。)

周予同认为，主张读经的人们恐怕对于经古文经学意义上的经也并不认同，这种意义的经还是过于宽泛。于是他们乞灵于今文经学派。这派认为只有孔子的著作才能称为经。所以，经的领域只有如下内容：《诗经》三〇五篇，《书》二十八篇，《仪礼》十六篇，《易》的《卦辞》《爻辞》《象辞》《彖辞》四种，以及《春秋》经本文。连一般似乎毫无疑问的《论语》《孟子》《大学》《中庸》都不能算。要命的是，《诗经》中还有"窈窕淑女，君子好逑"的诗句，这显然和当时江苏教育厅主张读经的初衷（严男女大防）相违背的；何况，老实说，"断烂朝报"似的《春秋》非常不好读。

以上三种对经的解释，至少还可以与孔子有点关系（尤其是今文经学派）。古史辨派明确切断了孔子和经之间的联系。他们认为，五经是五部并无关系的杂凑的书，孔子与之"风马牛不相及"。比如，钱玄同通过繁复、扎实的考证，指出，《诗》是一部最早的总集；《书》是三代时期的"文件类编"或者"档案汇存"；《仪礼》是战国时代胡乱抄成的伪书；《易》的原始卦爻是生殖器崇拜时代的符号，后来被孔子之后的儒者借以发挥自己的义理；《春秋》是流水账，是"断烂朝报"。

当然，今日看来，古史辨派的观点可以被归入 20 世纪文化激进主义的脉络之中，因此似乎是应被忽略，甚至应被嘲笑的。宽容地看，古史辨派只是否定了经和孔子之间的联系，而没有完全否定经作为某种文化典籍的事实性存在。从他们的观点出发,我们可以说,虽然经不是孔子独创的,但它们是中国人祖先创造的,里面不乏智慧的结晶。事实上,这个立场可以应用到骈文派、古文经学派身上。经虽然可以是广义的,但这并不意味着广义的经就是没价值的。在这个意义上,有的专家学者主张从经学中发现中国文化价值之根,也有一点道理。问题的关键在于,经是否就是通常所理解的那一些?这才是争论的焦点之所在。

不容否认,周予同从经的定义多样化来质疑读经的合法性,这在逻辑上存在着跳跃。不过,他的真实意思还是很明确的:如果所谓的经就是那几部,五经也好,十三经也好,那也没什么好讨论的了。我个人以为,五经、十三经等还是可以读的,但同时还要读其他的书。最起码,大家都是线装的,相读何分先后?

周予同对读经运动的第二层批评,和他的切身经验有关。他发现,每一次主张读经之后,总会发生历史事变。1915年徐世昌主张读经,其后便有袁世凯之称帝;1925年章士钊持教育总长的权威主张读经,不久便发生"三一八惨案"。由此他便担心江苏教育厅的主张也会有伴有不良的后果。今日看来,周予同的这些论述显然是经不起休谟般的哲学思维的推敲的。不能因为以前主张读经便伴随着不良后果,就认为只要读经就会产生恶果。不过,也许对于我们的质疑周予同早就想好了应对之策:"第一次的帝制,第二次的惨杀,固然不能说全源于读经,但它的确是反动行为的预兆呢!"预兆,便有点神秘主义的味道了。科学昌盛的今天,似乎不可信。

三、中小学语文原则上应不应收 1930 年后的作品?

自从范仲淹写下"先天下之忧而忧,后天下之乐而乐"的名句之后,中国文人的国师心态不仅一发而不能收,而且,竖起了旗帜。原以为目前只有学界充斥着"国师",现在看来,这个估计是不足的。评论界也有急着做国师的人。这不,国家 2017 年成立了一个国家教材委员会,就有人急着问这个教材委员会遴选教材的指导思想是什么?并且写作了文章,指出至少包含三点:

> 第一,大幅增加文言文内容,例如,总体上不少于全部内容的一半;
> 第二,大幅度增加诗歌内容,例如,总体上不少于三分之一;
> 第三,大幅度增加前人的优秀作品,减少现当代作品,例如,1930 年以后的作品原则上不收入。
> ……[1]

---

[1] 陈季冰:《强烈建议!中小学语文应至少一半文言文,1930 年以后作品原则上不收》,原发冰川思享库,转发于凤凰网:http://wemedia.ifeng.com/24242807/wemedia.shtml。

第一章 时代与思绪：国学、儒学与墨学

文章随后谜一样的"……"，这就表明，作者认为这三点是起码的、基本的。他并不否认还应该增加其他原则。

纵观全文，其立论根据是作者对中小学语文教育目标的认定：

> 就我的观点而言，中小学语文教育的目标非常简单，它应该有两项：第一，帮助学生掌握日常社会生活所需要的语言交流能力，也就是基本的读写能力；第二，培养学生对文学的兴趣，并使他们具备一定的文学修养。

作者认为，文言文经历了五十年以上的时间淘洗，产生的优秀作品权威性更强。同时，学会文言文不仅不会把学生变成专注于"回"字有四种写法的孔乙己，而且，"如果一个人的文言文功底扎实，一定会对他熟练、甚至创造性地使用书面白话文有莫大的帮助。"作者的例证便是我们曾经出过巴金、曹禺这样的文学大师，因为他们孩童时期学的是文言文；目前则很难有这样的文学大师了，大概因为我们学白话文过多了。作者表示他做好了被人嘲讽的准备。

然而，正如鲁迅所说，"辱骂与恐吓绝不是战斗。"（希望这一句不要被作者误解为是中了1930年之后语言暴力化、军事化的毒。）我们还是要摆事实、讲道理。中国现当代的优秀作品还是应该收，而且应该突出一定的权重。

第一，优秀作品时间期限是多少年？即便是作者所确定的五十年，那么，从今年往前推五十年，也只是1967年。为什么非要截至1930年不可？那是往前推八九十年。当然，作者说是"例如"，举例而已。但对于一个从事文字工作多年的老作者而言，如此不严谨就不能原谅了。难道是因为当初文言文作品读少了的缘故？若是，也算一个亲身实证，可惜作者没说。

时间，是不是优秀作品的决定因素？未必。优秀，本质上是一个价值判断。它是依照一定的价值标准而作出的。正如历史学家克罗齐所言："一切历史都是当代史。"类似的，一切优秀本质上也是当代的优秀，即以当代的某种价值标准作出的优秀评判。今日有人主张应该以文言文为优秀的基本要件，实在是因为这个时代文化保守主义复兴的缘故。正如新文化运动的年代，鲁迅等人主张把线装书扔进茅厕里。举止全然相反，但是，从优秀的评判标准而言，其实一致。而这个标准，与所谓的极端进步主义关系不大。没有认识到这点，而被时代的潮流裹挟着往前走，不由自主，未免令人遗憾。

以上所说，只是强调时间从来不是优秀的必要组成，更不是充分条件。

第二，由对优秀的评判标准出发，我们逐渐走向下一个观点：中小学语文教育的根本目的是什么？核心目的是什么？总之，那个最重要的点是什么？

第一章 时代与思绪：国学、儒学与墨学

作者说了两点，在我们看来，言不及义，隔靴搔痒。中小学教育最重要的那个点，是通过文学作品的熏陶，培养学生正确的价值观。

作者对时势的了解有目共睹，他注意到了国家成立国家教材委员会，但是，他对信息的掌握力还是不够。国家为什么要成立这个高级别的委员会？难道只是目前我们的语文教育在文字上的不足吗？如果只是如此，那只是一个学术委员会干的事，难以上升到国家战略的层面。国家之所以要这么做，其实网上很多帖子已经揭示了的：目前，我们的中小学语文教育，在价值观上，也存在着"去中国化"的倾向。典型表现就是，很多课文里面好人好事都是外国孩子干的，坏人坏事往往中国孩子便有份儿。有时还不惜编造历史。这样的课文，即便是用文言文写成的，又有什么优秀可言？

为了说明这点，我们举梁启超的《新民说》为例。如果说康有为是和"大同书"联系在一起的，那么，梁启超则是和"新民说"相联系。我不知道有多少人读过《新民说》。我读的时候，发现一个非常有趣的现象。在这本书中，在较早的一些章节中，梁启超说到好的道德品质的时候，往往是外国的；说到中国的时候，却往往是坏的道德。当然，如果中国古代的道德是好的，那也没必要主张"新民"了，——反而要主张"旧民"。梁启超的这个举动我们暂时不作评判。重要的是，这就表明，在文言文中，也存在着中国人不堪的一面。

对于这个例子,我相信读者和该文作者可以马上想出一个反驳:我们承认,文言文中也是良莠不齐的,可是,我们要选择的是其中的优秀作品。不是照单全收。

问题在于——还是在于!——优秀的标准究竟是什么?

对这个问题的回答将把我们带入更深入的层面。

第三,要高度重视中国现当代所创造的新的"传统"。传统二字容易引起误解,以为就是陈旧的、古代的。传统,本质上是有一定时间的,比如,三代人的时间,差不多是六十年。在这个问题上,我极力推荐高瑞泉教授撰写的《中国现代精神传统》[①]一书。高先生认为,现代中国创造了包括进步、创造、竞争、科学、民主、平等、个性解放和大同在内的"现代精神传统",后来高先生又将它们称作"现代观念"。要害在于,现当代中国已经确立现代的价值观念,我们已然生活其中。我们不能离开这些观念,正如不能拔着自己的头发离开地球一样。

因此,即便我们选择优秀文言文,其篇幅不仅是至少一半,而且是全部,我敢确定是,选择的标准与宗法专制时期(即通常所谓"封建主义时期")的选择也是不同的;即便内容上相同的,其解读的内涵也是有巨大差异的。正如对于"孝"这个被儒家称作"仁之本"的观念,现代中国的解读和古代文本存在很大差异。《论语》中说,孝就是"亲在不远游。游必有方。"

---

① 高瑞泉:《中国现代精神传统》,东方出版中心1998年版。

"游必有方"甚是费解。有人将之解释为出游前要告诉爹妈一声。可是,现代哲学家熊十力认为,真正的孝就是要周游世界,使祖宗之名扬于天下。我们不去争论哪一种解答是正确的,重要的是,在现代,人们对孝的内涵作出了新的诠释。熊十力只是一例。①

总之,对于"优秀"的标准认识不清,更加重要的是,对于中小学语文教育的根本目的认识不清,甚至不知自己无论如何早已纠缠于一个现代世界中,而只在细枝末节上对教材建设提出"强烈建议",这未始不可以看作是舍本求末;只是这个病症,究竟是由于优秀的文言文读多了,还是优秀的现代文读得不够多,尚不确证。联系我们正在展开的社会思潮研究,不妨说作者受到了文化保守主义过多的不良影响,而没有对之展开必要的反思。

今日,我们当然需要学习自己老祖宗的优秀传统文化,但这是否意味着应当让国学占据我们的教科书的半壁江山,甚至以抛弃现当代作品为代价?需要深入思考、谨慎对待。

四、尊重那一场伟大的哲学革命
——从冯契《中国近代哲学的革命进程》再出发

国学热,无论是虚热还是实热,都是热。这是不争的

---

① 参见蔡志栋:《孝道的现代命运及其转化》,《青海社会科学》2015 年第 12 期。

事实。

怎么看？

怎么办？

有权威专家指出："重要的不仅是大众的精神需求受到重视并得到满足，而且还包括精神需求本身有足够的'精神含量'和'精神品质'。"[1]因此，答案的寻找过程或许离不开对中国近现代哲学史的再次回顾。

美国著名汉学家费正清曾将发生于中国大地上1840年到1949年的急剧变动称之为"伟大的中国革命"，那么，这场革命在思想领域、哲学层面是否有对应物？无独有偶，冯契在其名作《中国近代哲学的革命进程》的"小结"中，劈头第一句话就是"中国近代经历了一场伟大的哲学革命"。一语点出了中国近现代哲学的成果。

冯契(1915—1995)近年来不仅在哲学界，而且在一般公众之中，知名度逐渐上升。他是20世纪下半叶少数创造了自己哲学体系的哲学家之一。其创造的"智慧说"哲学体系探索从无知到有知，从知识到智慧的发展历程。所谓智慧，就是对宇宙和人生的根本原理的洞察。

冯先生写作了三册研究中国古代哲学的《中国古代哲学的逻辑发展》，一巨册研究中国近现代哲学史的《中国近代哲

---

[1] 童世骏：《当今中国的精神挑战》，《文汇报》2009年5月30日。

学的革命进程》。它们既构成了冯契创造"智慧说"的思想准备,又构成了"智慧说"在中国哲学领域的展开。

在此我要隆重推荐《中国近代哲学的革命进程》。

第一,为什么要推荐这本书?今日我们大力提倡中华优秀传统文化复兴,意义重大,举国欢腾,然而在实践过程中,出现了一些值得重视的弊端。比如,部分人士不分优秀与糟粕,似乎只要是古代的都是好的。部分地区女性裹脚的兴起就是一例。复兴在某种程度上变成了复古。中国进入近现代以来人民群众在现实中的艰苦卓绝、前仆后继的实践活动被我们一再铭记,然而,与之同时的哲学领域的披荆斩棘、创新创造却似乎从未发生过。人们似乎忘记了,当代中国人的思想世界是从近现代中国的思想战场跋涉过来的,忽略这片战场,直面古代,难免良莠不分,也是对我们父辈思想成果的不尊重。毛泽东曾说:"从孔子到孙中山,我们都要继承。"忽略任何一面都是值得商榷的。

第二,重新解释"近代"。"近代"实在是一个含混的词语。冯契所说的近代指的是从1840年到1949年这段时期,其实是涵盖了一般我们所说的近代(1840—1919年)和现代(1919—1949年)。但我们一般的分法是从政治史或者军事史的角度出发的,从思想史的角度讲,问题则要复杂得多。他所说的近代其实是"现代",或者更加严格的说法是,是中国现代性(modernity)的前期。

关于中国的现代,观点多样。有的学者认为明清之际是中国现代的起点,称之为早期启蒙,或者资本主义萌芽。以"侯外庐学派"为代表。也有学者认为宋代是中国现代的拂晓时刻。作为学术观点自然可以讨论。但是我们这里必须强调冯契对"近代"(现代)时间段的坚持。虽然笼统地看,这也是为了论述的方便,不过,今日看来,其意义不凡。这段时期才是与社会实践的急剧变动相一致,在思想领域新陈代谢更加激烈的时代。反过来,沉迷于中国古代早有久了现代,有时难免令人浑浑噩噩,忘记了创新创造任务的艰巨。

第三,解释"革命"。自从李泽厚提出"告别革命"之后,"革命"似乎成为了一个污词。然而,不要说李泽厚提出这个说法本身在当时学界引起的非议,百年前章太炎早说过,革命不是滋补良药,但却是"天雄、大黄之猛剂"。李泽厚急着告别革命,只是毒已经泄得差不多,所以可以逐渐进补而已。问题的严峻性在于,"七年之病,当蓄三年之艾",百年的泄毒是否已足够,也是见仁见智的。

当然,冯契说哲学革命,思路没有这么复杂。他只是说,中国近代的哲学探索,从历史观、认识论、方法论、道德哲学各个层面,吸收着古今中外的思想资源,对传统哲学进行了重新解读和发展。更加重要的是对中国近代革命实践在理论上的反映和总结。我想需要对此再次强调:哲学创造往往表现为对以往哲学文本的重现诠释,所谓"我注六经",然而,试问真正的动力是什么？我们不要纠缠在"我注六经"还是"六经注我"之间。生活实践永远是思想的真正的根源。"六经责我开生面"，中国人民的革命实践、建设实践催发着哲学家进行哲学创造。

具体而言，冯契认为中国近代哲学革命既有积极的成果，又存在"重要的理论思维的经验和教训"。对此，他在该书的"小结"一章作了系统而感情深挚、读来令人动容的表述。但是，我还是想结合他的这本书以及其他地方的论述，以及今日学界的一些观点，作出论述。

第一，在历史观上，中国近代哲学经历了从进化论到唯物史观的发展。说起进化论，人们的第一反应是达尔文，顶多想到严复的《天演论》，误解颇多。事实上，中国近代的进化论不是单纯的生物学理论，它是历史观，甚至是世界观。它既有对达尔文、赫胥黎实证主义为基础的生物进化论的吸取，又有斯宾塞的社会进化论。还有柏格森的非理性主义的创造进化论。甚至按照章太炎的说法，黑格尔的绝对精神、叔本华的生存意志也包含着进化论，但显然这是哲学进化论。我敢说一句话：中国近代哲学史上没有一个哲学家不能不正视进化论，要么吸收它，要么批判它。

以上既是对以往关于进化论理解的纠偏，又意在指出，我们今日许多观念，已经无可奈何地打上了进化的痕迹。对于孩子的夸奖，"进步"是令人欣喜的。财富是需要保持增长的，少收一百块就闷闷不乐。诸如此类。进化的观念已经深入日用常行之中。

但这是中国近代哲学革命的结果！不要忘记，古代中国的历史观主要是循环论、退化论。今日有的人使用着现代观念，而梦想着"三代之治"，未免不知今夕为何夕。

第二，在认识论、方法论上，中国近代哲学的成果就是毛泽东的"能动的革命的反映论"。冯契先生说：

> 毛泽东根据能动的革命的反映论来阐明认识运动的秩序(包括吸取了李达、艾思奇等的某些贡献在内)把认识的辩证运动描述为实践、认识、再实践、再认识这种形式循环往复以至无穷，而实践和认识之每一循环(如果是相对地完成的螺旋)，都是达到主观与客观、理论与实践、知与行的具体的历史的统一，都使人对真理的认识比较地进到了高一级的程度。这种辩证唯物主义的知行统一观，把基于实践的认识过程理解为螺旋式的无限前进的运动，并从这样的观点来考察认识过程中的感性与理性(个别与一般)反复、意见与真理(把群众的意见经过分析批判而集中起来，形成正确的结论以指导群众)的反复，认为绝对的东西即寓于相对的东西之中，绝对真理正是不断地在相对真理中展开，而表现为无数次的主观与客观、理论与实践、知与行的具体的历史的统一的螺旋式上升运动。

冯契同时指出,中国传统的天命论、经学独断论、虚无主义是十分强大的。"能动的革命的反映论"也有时会被忘却。"如何运用能动的革命的反映论……仍然是艰巨的任务。"这些话写作于1987年7月,然而,三十年后重看这些话,我们的体会或许将更深刻。

第三,在价值哲学、道德哲学上,中国近代哲学走上了分裂,留下了教训,值得我们进一步反思。冯契认为,中国近代哲学发展出了一个唯意志论的传统,在道德哲学上就是强调意志的自愿性。从某种角度看,这是对程朱理学忽视意志维度的纠偏。"不过若强调过分,忽视了自觉原则,便可以引导到独断论的唯意志论和相对主义的非决定论去。"那么,单纯强调自觉性行不行?冯契认为,瞿秋白、冯友兰等人强调了道德行为的自觉性,但没有注意自愿性,这也是单向度的发展。

在这个问题上,冯契的"智慧说"作了总结和推进。他认为真正自由的道德行为,或者说真正的理想人格是自觉性和自愿性的统一。"这样的人格具有革命功利主义的态度,在他的活动中,义和利、动机和效果,是在人民大众的立场上统一的。他自尊无畏,也尊重别人,对己对人都体现了自愿原则和自觉原则的统一。"

今日看来,冯契的文字表述难免打上了时代的烙印,比不上当下许多时髦、夺人眼球的表达,但这并不能抹杀其思想的价值。读完《中国近代哲学的革命进程》,一个真诚的读者不能不内心汹涌澎湃。他会恍悟：原来我们的现代精神史是这样的！

国学热，请尊重中国现代哲学革命的成果！

第三节　评 儒 学

21世纪初的中国，一大思想盛景是"大陆新儒家"的面世。事实上，作为中国传统文化的主流，儒家即便在当代中国，也获得了良好的发展。"生活儒学"（以黄玉顺为代表）、"制度儒学"（以干春松为代表）、"政治儒学"（以蒋庆为代表）、"心性儒学""自由儒学"（以郭萍为代表）、"进步儒学"（以安靖如为代表）等的提法层出不穷，对儒家的重要观念（比如本书要讨论的贤能政治论）的阐释也精彩而丰富。当然需要再次强调的是，本书并不乐于对此作全面的呈现，主要兴趣在于对某些热点作出及时反应。

一、驳"建立儒学一级学科倡议书"

2016年6月，有学者提倡建立儒学一级学科，有《关于设置和建设儒学学科的倡议》[①]行世。一文读罢，不觉阵阵寒

---

① 参见《学者联合倡议中国高校设立儒学一级学科　培养儒学专才》，凤凰网：http://guoxue.ifeng.com/a/20160614/49012603_0.shtml。

第一章 时代与思绪：国学、儒学与墨学

意。倡议书实在逻辑不通，情理不通。令我想起王元化曾经指出过的国人的"意图伦理"的问题。所谓意图伦理，就是先定了肯定什么、反对什么，然后再找出理由来加以肯定或者反对。当然，王元化这么说针对的是新文化运动的不足；可笑的是，如今有些试图以重返传统的方式弥补新文化运动不足的先进人士，也犯了同样的毛病。这句话什么意思？在我看来，倡议书的作者早已是立场决定脑袋，先定了他们要肯定儒学，推儒学为一级学科，然后再找出理由来加以支持。不过，那些理由，值得商榷之处颇多。为使读者清晰起见，也避免被批评为寻章摘句、曲解文意，本文会大量的引用该倡议书的内容，切莫见怪。

倡议书劈头就说：

> 儒学是中国文化的主体，经过两千多年的发展与演变，已经走出国门，成为与基督教文明、伊斯兰文明并立的三大文明形态之一。经过历代学者的努力，儒学已具有自足圆满的经典体系、悠久绵长的发展历史、内涵丰富的思想学术、数量庞大的文献积累、系统完整的信仰体系、日用常行的道德伦理、淑世济人的实践功能、成果丰硕的教育经验等等，构建了儒学特有的学科体系和学术体系，成为塑造中华民族乃至东亚社会信仰价值、道德行为、知识技能、体用经世等文化性格的主要力量，是中国

人乃至整个东亚文化认同、身份认同的突出标志和精神家园。为适应中国当代经济建设、文化建设和道德伦理建设的需要,我们建议国家教育部设立儒学一级学科,这不仅顺应了历史发展的大势,也是中华民族文化自信、文化自觉的表现。①

粗粗一看,似乎毫无问题;仔细一想,问题颇多。固然,很多人认为儒学是中国文化的主体,但严格地说,即便是这句话,也应该精确地表述为中国传统文化的主体。但是,也有人未必同意。比如,鲁迅说过,他认为中国人表面上是儒家,骨子里是道家。那么,究竟哪一个是主体?对于传统文化,也有人说"外儒内法"。那么,究竟哪一个是主体?看来这并不是毫无争论的。

争也就罢了,正常。不过,由主体论而倡导建立一级学科,那么,谁是主体的问题就大了:关乎能不能成为学科、甚至是一级学科的问题!

联系下一句,这个问题更加严重:即便我们承认,儒学已经走出国门,与基督教文明、伊斯兰教文明并立为三,那么,既然儒学要成为一级学科,为什么不把基督教文明和伊斯兰教文明也列为一级学科?当然也可以说那是异质文明,所以没

---

① 参见《学者联合倡议中国高校设立儒学一级学科 培养儒学专才》,凤凰网:http://guoxue.ifeng.com/a/20160614/49012603_0.shtml。

资格。如果是这个回答,那也没话说。

接下来的一大段话,概述了儒学的丰功伟绩。我疑问也便增多:

1. 在传统社会里,儒学是学科吗?好像不是。我清晰地记得,很多文化保守主义者恰恰认为学科的提法是西方影响中国的后果。今日我们不得不提学科,但在古代,儒学如何说是学科呢?这种说法本身,似乎给人一种印象:中国古代已经存在儒学学科,现在我们的任务只是将它重新呈现而已。事实上并非如此。这个问题往大里说,其实是倡议书的作者整体上犯了一个不中不西的错误:他们倡导建立儒学一级学科的目的是建立中国自身的话语体系,问题在于,学科一词的引入,就表明他们无可奈何地受到了西方现代学科分类体制的格式化。这就好比拿着刀叉吃米饭,原本想吃出中国本身的特色来,不料变得不中不西,不尴不尬。这个问题下文还将再次论及。

2. 儒学是不是中国人乃至东亚社会身份认同的突出标志和精神家园?这当中其实包含着两个问题:认同问题和精神归宿问题。先说认同问题。我只问一个问题:1949年后,儒学靠边站了,我们中国人还是中国人吗?不要忘记,在这期间提倡儒学的只有少数人,绝大多数人是反对儒学的。可是,毋庸置疑,他们还是中国人。为什么?身份的认同是由法律规定的,而不完全是个体自身的主观认同决定的。

明确提出儒学是中国人身份认同的符号将导致严重的问题。虽然我们承认儒学在古代世界中的辐射力之广、之大,但是,还是有一些属于中国的地方是不认同儒学的。请问,难道将他们割裂出去吗?从这个角度看,设立儒学一级学科,对中国乃至东亚的身份认同带来的麻烦可能不可小觑。[①]

解释了认同的问题也就能够解释精神归宿的问题。对于那些不认同儒学的中国人来说,他们的精神家园当然不是儒学。必须补充两点:第一,不认同儒学的中国人不是少数,而且,也有着自己传统的居住地。所以,情况很严峻。第二,即便在认同儒学的中国人那里,儒学的哪些成分能够成为精神家园的花花草草,怡情养性,值得推敲。不要忘记,似乎很多人都承认中国人在信仰问题上的实用主义,可以从菩萨到关公,一起来拜。

倡议书给出的建立儒学一级学科的第一个理由是:

> 一、从国家层面、制度设计上,在高等院校设立儒学一级学科。国学是中国传统学术之大全,儒学是中国传统学术之主干。设立儒学一级学科,可以极大地推动国学门类建设。国学内涵丰富,包罗广泛,涵盖诸科,体系复杂。作为国学主体,儒学在整个国学体系中具有标志

[①] 对于认同问题的深入阐释将涉及民族主义话题,本书将在论述民族主义的章节予以更深入的讨论。

第一章 时代与思绪：国学、儒学与墨学

性意义，儒学兴则国学兴，儒学衰则国学衰。在国学中设立儒学一级学科，无疑将有效地突出国学的核心价值和终极灵魂，为国学的成立与建设注入永续而持久的活力。

这个理由站不住脚，会引起混乱。据我所知，也有学者在主张建立国学一级学科。如今又有人主张建立儒学一级学科。请问两者之间什么关系？难道在儒学一级学科之上再建立国学零级学科？现在国学一级学科尚未建立，便又要建立儒学一级学科，你让国学待哪里去？

这么说似乎在为倡议书出谋划策。但我的意思是，从中可以看出，为了建立儒学一级学科，有些人已经思想混乱到什么地步。从中也可以看出，建立儒学一级学科的目的是推动国学一级学科的建立，换而言之，相对于国学，儒学处于工具地位。如此，又何来儒学是国学的主干说？

但最重要的或许还是，倡议书打着国学的旗号推崇儒学，可是，从最后一句来看，原来国学成立与否还是一个未知数。倡议书陷入了自我循环而不自知。

倡议书给出的建立儒学一级学科的第二个理由是：

二、经济不兴则无以聚民心，文化不兴则无以定民志。建国后第一个30年阶级斗争巩固政权，第二个30年改革开放发展经济，现在应是进行文化强国建设的第

三个阶段,中国人民将在物质财富和精神财富上达到和乐盛美的状态!近百年来,由于西方文化的强势地位,在学科建设中,西方有的我们必有,而西方没有的学科我们不敢有,导致中国传统学科在制度设计上几乎完全被西方学科体系所取代。进入21世纪,中国文化复兴已经成为不可阻挡的时代潮流,而建设具有中国特色、中国气派和中国风格的学科体系、学术体系和话语体系,势在必行。开创儒学学科体系,研究儒学学术体系,重建儒学话语体系,编撰系列儒学教材,培养合格儒学人才,是促进传统文化"两创"更新,是迎接中华文化伟大复兴的制度保障和学术支撑,是文化自信、文化自觉的重要表现。[1]

这段话有着严重的历史目的论的色彩,忽略了历史发展的复杂性,这点不用多说了。在这段话中,再次印证了我一开始对它的批评:试图脱离西方话语的束缚,但自身在用语上从而在思维方式上,还是表明深受西方的影响。典型表现就是承认儒学学科从来就有。而在这里,倡议书却说学科体系的提法来自西方,无疑便和第一段存在紧张之处。

注意,笔者这么说绝不是要否认我们要建立具有"中国特色、中国气派和中国风格的学科体系、学术体系和话语体系"。

---

[1] 参见《学者联合倡议中国高校设立儒学一级学科 培养儒学专才》,凤凰网:http://guoxue.ifeng.com/a/20160614/49012603_0.shtml。

但是,这么说绝非是要主张回归传统儒学的窠臼里面去。建立中国的话语体系绝非是要回归传统,尤其是没有经过清洗的传统。我们一再说的是要发扬中国传统文化中的优秀成分,而不是一味主张传统文化。这里的道理在于,如果我们承认中国的延续性,那么,20世纪对中国传统文化的反思也是需要认真对待的。建立中国话语体系,也意味着接续现代中国思想的发展,而不是将这一段认作虚无,将自己祖辈、父辈的经历当作从未发生过。尤其是倡议书在此表示新中国建立以来的三大发展阶段,那么,这段历史时期的在建设中国话语体系上的努力也应当被承认。否则,我们将看到一幅可笑的情景:建立了政治合法性和经济合法性的新中国居然在话语体系上要重新回归传统社会!

不错,中国文化的复兴势不可当。但什么是中国文化?有旧文化,也有新文化。我们可以看见对儒学的坚守,值得崇敬;我们也可以看见对儒学的反思,不容轻视。这些都是中国作出的对中国文化的创造。只看到前者而提倡建立儒学一级学科,那么,新文化运动是否也应该建立一级学科?

倡议书所说的三、四两条理由则涉及具体的做法,这里主要说第三条:

> 三、中国文化既要薪火相传,世代相守,又要与时俱进,推陈出新。设置和建设儒学学科,应在旧有儒学体系

的基础上，完善课程设置，编纂满足当今社会需要的儒学教材。构建完善的儒学学科，应编撰含括儒学一级学科、二级学科（如经学、义理、考据、辞章、政事等）在内的系列教材，推动儒学教材、儒学知识早日系统地进入国民教育系统。从精神信仰、价值追求、社会风尚、治国安邦等方面着手，培养合格公民、塑造君子人格，是全面改善和提升社会公德、职业道德、家庭美德和个人品德的康庄大道。[1]

在此，我略说两点：

1. 儒学如果进入国民教育系统，那么，少数民族怎么办？他们有的是有坚实的非儒学的信仰的。这一点前文说过，在此重复，加以强调。

2. 即便我们把儒学限定在道德思想教育领域，它是"塑造君子人格，是全面改善和提升社会公德、职业道德、家庭美德和个人品德的康庄大道"吗？对此我是怀疑的。

梁启超曾经说过，中国人只有私德，不讲公德。所以他要主张"道德革命"，塑造国人的公德心。可见，儒学与公德的关系如何，值得讨论。

---

[1] 参见《学者联合倡议中国高校设立儒学一级学科 培养儒学专才》，凤凰网：http://guoxue.ifeng.com/a/20160614/49012603_0.shtml。

第一章　时代与思绪：国学、儒学与墨学

在家庭美德问题上,试问当年被胡适称为"只手打孔家店"①的老英雄吴虞为什么反对家庭？逃出封建家庭的也不是他一个。而是一个普遍的社会现象。为什么？

在个人品德问题上,圣人自然连孔子也自称做不到,君子又有多少？我不禁想起了《儒林外史》中所描绘的种种君子的"漂亮"形象。也想起了《红楼梦》中柳湘莲所说的：你们贾府里只有门口这两个石狮子是干净的。近期又热了一把的《白鹿原》,里面的君子形象的代言人最后不还是郁郁而终吗？当然,倡议书也明确说"要满足当今社会需要",一定程度上主张对传统儒学进行更新。问题在于,试图更新儒学的两位大家梁漱溟和熊十力,据说也曾打过架,这是君子人格吗？好像是,因为据说唯君子能好人,能恶人。但现代社会打架据说是违法的。梁燕城回忆自己读大学时听儒学大师牟宗三讲课,后者兴之所至,随口将一口痰吐到窗外。这引起了梁燕城的深入思索,对儒学的限度有自己的认识。②

至于试图用儒学来培养现代公民,我真不知道如何实施。这里的关键在于,我们实际上对何谓现代公民都不清楚,如何用儒学来培养？于是,很可能发生的情况是,我们用儒学培养了一批人,然后将之界定为现代公民。麻烦在于,现代公民未

---

① 注意不是"只手打倒孔家店",对此,本书会有深入讨论。
② 参见郑家栋：《从儒家到基督徒》,加拿大环球广播出版社 2012 年版,梁燕城序《郑家栋的人生反省与奋斗》。

必就是君子，小人也可以是现代公民。公民需要道德素养，但不是由道德水平之高低来规定。我们用一种据说能培养君子的思想来培养现代公民，后果很可能是道德乌托邦的产生。

说了这么些，最后需要再次强调的是，我们绝不否认建立中国特色话语体系的重要性，但实现这个目的，是不是要借助于儒学，值得讨论。一旦设立儒学一级学科，引起的其他问题如何化解，应当引起倡议者重视。而在此倡议书中，我们并不能见出作者的深思熟虑，反而暴露了作者的鲁莽武断。

行文至此，我不禁想起谭嗣同的名言："故常以为两千年来之政，秦政也，皆大盗也；两千年来之学，荀学也，皆乡愿也。唯大盗利用乡愿，唯乡愿工媚大盗。二者交相资，而罔不托之于孔。"（《仁学》）[1]如何区分乡愿之儒、荀学之儒和孔子之儒？如何切割大盗和儒学？这些问题没有弄清之前，便要建立儒学一级学科，害莫大焉！

二、该理性地说说儒家与女性了

2015年8月12日，大陆新儒家蒋庆关于儒家与女性的访谈"只有儒家才能安顿现代女性"[2]引起了巨大反响。舆论基本一边倒，批评、讽刺占上风。8月15日，澎湃发表吕频的评

---

[1] 谭嗣同著，蔡尚思，方行编：《谭嗣同全集》（增订本），中华书局1981年版，第337页。
[2] 《大陆新儒家领袖蒋庆：只有儒家能安顿现代女性》，澎湃新闻：http://www.thepaper.cn/newsDetail_forward_1362813。

第一章 时代与思绪：国学、儒学与墨学

论《儒家如何才能令当代女性信服？》[1]回应蒋庆的观点。我反复阅读了两篇文章，觉得总体上反驳文章针对性很强，也抓住了蒋庆的一些要点，但也不乏误解之处。一定程度上令人遗憾地偏离了作者主张的以理服人的立场。

先说说误解之处。回应文章说："蒋庆也给了女人一个重要承诺，就是儒家将要求男人'忠''义'，维护家庭稳定，说白了就是不离婚，糟糠之妻不下堂。他讲述和感叹男人轻易离婚和抛弃妻子的故事，难得地显示出对世情还有点了解。不过他的感叹中所流露的道德感肤浅甚至轻佻：'意思是说现在这个新妻子比他前妻好。我想肯定的嘛，他前妻比现在的这个妻子大二十多岁，人家辛辛苦苦把你们的小孩带那么大，已经老了，现在新妻子年轻漂亮，你当然要说这个话喽。'"

在此，吕频的重点是肯定当代社会家庭不稳定，离婚容易，女性比男性更加容易受伤害。对此，蒋庆也是同意的。甚至，他就是因为有见于这些世情而提出了要让儒家来安顿女性，其实就是要让儒家来保护女性。我们来看看蒋庆的原话：

> 现在有个词叫"闪婚族"，就像我那个朋友，一年离一次婚，你说他那些妻子幸福吗？又比如丈夫是个大学教

---

[1] 吕频：《儒家如何才能令当代女性信服？》，澎湃新闻：http://www.thepaper.cn/newsDetail_forward_1364501。

授,突然有哪个女博士看上他了,他回家就对太太不高兴了,不高兴就离婚嘛,很简单的事情。可当时结婚正是她自己做主的啊。所以,自己做主的婚姻就一定幸福吗?显然不是。现在有些女性,一旦找到一个有能力的男性,心里就开始不踏实了,因为随时可能有第三者插进来,男方一旦动心,婚姻就结束了。相反,古时候婚姻要稳定得多,离婚是没有意志自由的,不像现在离婚可以没有理由,合不来就行了。古时候的"七出"大家都知道,达不到这些条件就不准离婚。

我有一个朋友,他原来的妻子我认识,是一个很优秀的高中老师。突然一次他打电话对我说他刚刚又结婚了,我感到惊奇,心想肯定是出问题了。后来我们见面,他说:"我现在才体会到什么是婚姻。"意思是说现在这个新妻子比他前妻好。我想肯定的嘛,他前妻比现在的这个妻子大二十多岁,人家辛辛苦苦把你们的小孩带那么大,已经老了,现在新妻子年轻漂亮,你当然要说这个话喽。哎,这就是所谓的高级知识分子,所谓的"现在才知道什么是婚姻"。[1]

之所以这么大段地引用蒋庆的原话,目的在于更加清楚地说

---

[1] 《大陆新儒家领袖蒋庆:只有儒家能安顿现代女性》,澎湃新闻:http://www.thepaper.cn/newsDetail_forward_1362813。

明，蒋庆举这些例子时并没有道德上的肤浅甚至轻佻。蒋庆的言语中不乏对因为另觅新欢而离婚再娶现象的讽刺。他由此试图说明的是"古代礼法中规定了离婚的条件，有很高的门槛，对妇女是一种保护。现在结婚自主了，离婚自由了，没有条件限制了，结果给弱势的一方带来了悲剧"。

窃以为，这里面甚至有点道德上的崇高。即便我不同意蒋庆的其他观点，就他在这里的表现而言，在道德上他是正确的。相反，回应文章断章取义，一方面固然令不明真相的读者对蒋庆内心愤恨；另一方面，却无端地削弱了自己的理性说服力。因为，如果有读者找出蒋庆的访谈认真阅读，就会发现回应文章的歪曲，从而对作者的立论表示怀疑，中正的立场就丧失了阐明自己的机会。认真的读者也许忍不住暗暗说一句：不管是大陆新儒家还是现代主义、女权主义，都不是好东西——此时岂不是冤枉?!

由此，回应文章的另外一些话是否能够成立也成为了问题。文章说，蒋庆"同意'年轻漂亮'是女人的价值所在，'老了'被抛弃无奈"。我不知道这个结论是如何得出的？由于蒋庆是在批评抛弃"老了"的妻子的做法，他的言语当中难免带有一定的反语的色彩，以此来证明他对女性价值的认可就是年轻漂亮，未免薄弱。事实上，就全文看，蒋庆恰恰认为女性的价值不在这里，而在成为好女儿、好妻子、好母亲。这一些与年轻漂亮无关。

至于回应文章说,蒋庆"他不明白这种故事恰恰就是他所鼓吹的女性固守家庭职责的下一幕,是模范'好女人'的悲剧。然而他却声称他可以拯救女人的婚姻不安全",作者大概犯了一个基本的错误:要素-结构的误置。这个词语是我的发明。它的意思是,把相同的要素置于不同的结构中会发生难以想象的错误。"做固守家庭的好女人"是一个要素,但是,这个要素在古典时代和现代,其后果是不同的。在古代,由于有其他社会制度的相应的安排,固守家庭职责的好女人,是会有好的结局的。但是在现代,情况却发生了巨大的变化。一方面是传统社会结构被打破;另一方面,新的社会结构尚在生成之中,这就导致传统的要素在新的结构中会发生蜕变。现代社会,女性也被要求或者自我要求着走上社会,同时,男性得到了法律保障的婚姻自主、离婚自由的权利,在这种情况下,固守家庭的好女人也许真的极易被道德上不可靠的男性所抛弃。但是,不要忽略一个事实:蒋庆同时呼吁对社会结构进行改变。具体而言,女性回归家庭的同时,不仅男性的收入大幅度增加,以保障女性的生存,而且,强硬的社会制度也会保障女性的权益,男性不可随意离婚。现在的问题恰恰在于,一方面是女性回归家庭;另一方面相应的制度没有推进,在这种情况下,当然很可能发生固守家庭的好女人不得善终的事情。但这只是男性不道德的后果吗?非也。这是整个社会制度建设没有做出匹配性调整的结果。而我们注意到,蒋庆的想法是系统性的。因此,就其思想而言,的确有前后呼应、自成一体的感觉。忽略蒋庆思想的这个整体框架而展开批评,未必是切中肯綮的。

因此,我们的批评的视野必须更加广大。依我之见,蒋庆的访谈的要害是两个:(一)历史上,儒家和女性究竟什么关系?(二)如何正确地理解女性的自然属性和社会属性?

对于第一个问题蒋庆是有着清晰的认识的。他一再地剥离传统社会中女性受压制的历史与儒家义理对女性的态度,而且,他的确举了很多儒家的例子来证明他的观点,比如,许多儒学大家不纳妾。这些例子是不容否认的。我们对他的反驳也必须照顾到这些真实的例子。有的评论说,蒋庆将苏东坡写给妻子的诗误送给了小妾。这的确是一个硬伤。不过,蒋庆由此想证明的是,丈夫与小妾也有很深的感情,而且,在法律上妾的地位也是受到保障的。这恐怕没错。但是,我们如何证明历史上女性的悲剧都是儒家犯下的?这的确是一个富有挑战的课题。这里的关键在于,必须辨析清楚传统社会与儒家思想之间的关系。儒家是传统社会的主流,一定程度上这是不错的;但请记住,还有另外的话:"外儒内法""三教合流",1980年代还兴起过一个说法:大传统和小传统。意思是,儒家是大传统,但是,在民间,还有其他许多小传统。我不敢保证儒家和女性的压迫一点关系也没有,但我敢说,有许多惨无人道的事情未必是看上去的那么回事。

对于第二个问题,蒋庆却没有认识到。他毫无反思地认为女性的自然属性就是容易年老色衰,就是应该固守家庭,而她的社会属性在现代是被虚构出来的,应该回归传统。问题在于,《第二性》的作者波伏娃明确说过,女性是被造就的。换而言之,女人不是天生的就是女人,而是在社会中被规驯成女人的。如果我们的历史眼光足够长,就会发现,在母系社会,女性就是女汉子。现代的田野调查也表明,存在着一些21世纪的母系社会,在那里,男性会被打扮得花枝招展在家待着,一个不如意还会哭鼻子。这些有力地质疑了所谓的女性自然属性说。

以上两个问题,回应文章也注意到了。我表示肯定。不过似乎在第一个问题上说得还不够清楚,故此略为续貂。总体上,我的意思是,在今日女性的确遇到了种种问题,儒家愿意站出来提供解答的思路,这是不容否定的。但同时,无论是儒家还儒家的批评者,都必须对涉及的问题作更加深入、更加理性的探索,互相的对话更加应该坚持理性,最起码,不要断章取义。先不说这样做对儒家或者儒家批评者的好处,我们还是记住:无论如何我们是在为女性辩护,任何不恰当的论辩都会带来事与愿违。

三、孝道的自我瓦解
——读《礼与十八世纪的文化转折》

新文化运动的纪念永远是热点。然而,在不同历史阶段,热点之所热有所不同。新世纪以来,文化保守主义复兴,新文化运动反而成了被批评的对象。似乎当年那一段历史是令人不堪的往事,难以回首。甚至,不乏有一部分人要求新文化运动为当今中国社会的种种恶劣情态负责任。

近日,某专家表示,今日孝道不再、视离婚为平常现象,与新文化运动不能说没有某种遥远却内在的联系。看来,新文化运动又要蒙受恶名,经受洗礼了。只是不知道"剩女"过剩,是不是也要新文化运动负点小责?

但是从哲学的角度看,所谓"某种遥远却内在的联系"等于什么也没说。我们已经被告诉过不知多少遍:世界是有联系的。那么联系就是不可避免的。新文化运动发生于一百年前,那当然有点遥远。

还有朋友质问:"孝道不再"只是个别现象,某专家以偏概全,问题意识堪忧,建立在这个基础上的论述也堪忧。

这句话促发了我的一点阅读心得。我的观点是,即便孝道今日果然不再,那责任恐怕也不能全栽在新文化运动的头上。已有研究指出,在某种意义上,孝道是自我瓦解的。

支持这个论断的是商伟教授所著《礼与十八世纪的文化转折》一书。这本书比较特别。它以《儒林外史》作为研究对象,但考察的不是单纯的文学现象,而是把《儒林外史》当作思想史的文本。如果说我们一般的思想史、哲学史研究采用的主要是论述性的文本,这本书却把《儒林外史》看作是以叙述的方式表达了思想史的内容。初读起来颇为怪异,但读后三个月,齿颊留香。当然,这当中也存在着张力,那也是我阅读时一再发问的:如何判定文学作品和现实思想之间的对应性?[1] 在思想史研究中,如果把文学作品当作可信的解剖文本,如何处理文学作品的虚构性?

在此书中,作者认为礼具有两歧性。所谓两歧性是我的概括,指的是礼可以区分为两种:一种,借用作者的话说是"二元礼";另一种是"苦行礼"。

作者认为,"二元礼的基本特征是,它在俗世中确认神圣,因此既是道德的,也是功利的;是象征性的,同时又是工具性的。儒家的礼仪世界是一种理想的规范秩序,在这一秩序中,社会地位与等级被理解成人与人之间相互的责任关系与道德义务,并且最终与宇宙的自然秩序相一致。但是,这样一个神圣的、'自然的'规范秩序,同时也形成了政治关系和现存秩序的基础,它的运作与社会交换、协商及权力操纵紧密相连。"[2]

说得通俗点,二元礼指的是礼所具有的二元性。一方面,礼构成了成就理想人格的基础,因此它是神圣的,是真实的,是与人的内在生命的发展密切联系的。如果在此借用冯友兰的人生境界说,那么人从与动物无二的"自然境界"上升为"道德境界",乃至与天同一的"天地境界",离不开实践礼。反过

---

[1] 因为该书作者一再强调,文学文本和现实之间具有严格的对应性,令人起疑。
[2] 商伟:《礼与十八世纪的文化转折——〈儒林外史〉研究》,生活·读书·新知三联书店 2012 年版,第 17 页。

来，在礼的问题上有所闪失，就会从高级境界堕落为与禽兽为伍。另一方面，由于礼通过制度化与权力结合在一起，是儒家的制度化的一大表现，因此，遵守礼就可以获得从政治到经济乃至话语各方面的权力，最起码，能够吃上好饭。显然，如此一来，一方面由于对礼的遵守伴有丰厚的利益奖励，所以容易引导人们遵守礼；另一方面，恰恰由于各种利益后果的存在，使得我们难以判断对礼的遵守是出于真心还是出于伪虑。"履行礼仪义务本身既可以是出自道德冲动，也可能是为利益所驱使。"[1]危机因此而出现。作者认为，《儒林外史》描述了大量的礼方面的二元性、虚伪性。在此恕不一一列举。

我所谓的孝道的自我瓦解，便是从这个角度说的。孝道在原始儒家那里本来是出于真心。《论语》记载，孔子主张三年之丧，其徒宰我认为时间太长。孔子就问他：你安吗？宰我说：安。孔子没办法，就说：你觉得不守三年丧心安，那你就不去守好了。在这个故事中，孔子通过"安"这个字揭示出了孝道应是出自真心的维度。但我们都知道，后来随着儒家的制度化，举孝廉成了获得出身的终南捷径。这就很难避免作假。俗语所谓"举孝廉，父别居"说的就是这个现象。由此我们也可以发现，虽然此书主要论述写于清代的《儒林外史》，但是，孝道的危机是一个历史悠久的问题。

---

[1] 商伟：《礼与十八世纪的文化转折——〈儒林外史〉研究》，生活·读书·新知三联书店2012年版，第17页。

个体的时代

与"二元礼"相对,作者认为还存在一种"苦行礼"。"苦行礼基于儒家的家庭伦理,但在观念和实践方面走得更远。具体来说,也就是在儒家思想框架所允许的范围内,最大限度地做到对社会政治经济利益的否定和拒斥。这一点至为关键。因为苦行礼通过摆脱政治、经济和权力关系,将以血缘为基础的儒家伦理绝对化了,进而在世俗世界内部寻找超越。"[1]作者认为,吴敬梓推崇的恰恰是苦行礼。

结论似乎是,"苦行礼"是儒家伦理的出路所在。从这个角度看,儒家伦理能够自我维系下去,而不可能产生瓦解的担忧。但是,问题的另一方面是,在《儒林外史》中作为"苦行礼"的物质表征的泰伯祠最终是以败坏的面貌出现的。"《儒林外史》却没有结束于对泰伯礼的简单认可和肯定。相反,它以精致而微妙的方式,修正了泰伯礼所体现的礼仪化世界的图景,甚至对这一图景提出了质疑。"[2]

难道此路亦不通?

四、"孔教"的突围?
——读干春松《保教立国》

在大陆新儒家中,有所谓"新康有为主义"浮出水面。其

---

[1] 商伟:《礼与十八世纪的文化转折——〈儒林外史〉研究》,生活·读书·新知三联书店2012年版,第21页。
[2] 商伟:《礼与十八世纪的文化转折——〈儒林外史〉研究》,生活·读书·新知三联书店2012年版,第161页。

主要表现即在对康有为展开新的研究。干春松教授的《保教立国——康有为的现代方略》只是其中一本专著。教者,即所谓孔教也。

说到孔教,便说来话长了。

辛亥革命之后,在章太炎所开国学会中听讲的顾颉刚受到章太炎的深刻影响,继承其反孔教的立场。他原先以为"孔教原是国学的一部分",现在才发现"今文学家竟是这样的妄人","真气急了","深恶痛绝",他坚信孔教是"一班无聊的今文学家"在"科学昌明的时代""兴妖作怪"。[1]

当然,在大陆新儒学蓬勃复兴,尤其是今文学家突然遍地开花、野蛮生长的今天,这些说法很可能被视为科学主义的迷妄。事实上,干春松教授就在《保教立国》一书中认为,"胡适基于科学主义的方式去求孔教之'真'更是缘木求鱼之举"。[2] 也许需要多说一句的是,顾颉刚不仅是章太炎的学生,而且也是胡适的学生。他的疑古方法就是胡适的科学方法运用到古史研究中去的结果。所以干春松这话其实连顾颉刚也一并批评了。我当然也不同意顾颉刚等古史辨派把大禹考证成一条虫的观点,但总觉得他"历史是层累的造成的"这个核心观点还是有若干真理的成分在。何况何谓科学主义,在干春松之

---

[1] 顾颉刚编著:《古史辨》第一册,上海古籍出版社1982年版,第24页。
[2] 干春松:《保教立国——康有为的现代方略》,生活·读书·新知三联书店2015年版,第44页。

作中也未得到基本说明。随便给某人贴个标签,然后表示这种立场不是我的,所以是错的,这种做法我不置其可否。但现在似乎很多大陆新儒家都会这么做。一旦有人批评儒学,就会被认为陷入了反传统的窠臼。可是,传统如果有不好之处,反一反又如何?正如食物如果不干净,吐一吐反而身心健康;不能看见呕吐就反胃。这是常识。

但顾颉刚的确提出了一个问题,虽然干春松教授试图轻易地用科学主义这个标签把问题打发了。这个问题就是,在科学昌明的时代,孔教如何突围?不过,有趣的是,干春松新作《保教立国》从某种角度看又是对这个问题的回答。

(一) 与基督教抗衡的孔教?

干春松劈头就指出,"按一般的说法,康有为建立孔教的设想来自鸦片战争之后应对治外法权而得到迅速传播的基督教的冲击。在康有为看来,依托一个组织化的孔教组织,一方面可以将宗教事务和政治事务进行剥离,杜绝西方列强借用宗教原来因对中国进行政治上的勒索;另一方面,建立儒家的宗教团体可以遏制基督教有组织地在民间社会进行传播。"[①]

从论述孔教章的谋篇布局来看,干春松虽然认为以上看法属于"一般的说法",但实际上他也是一定程度上接受的。他的补充是,"如果将康氏的孔教设计仅仅理解为基于宗教争

[①] 干春松:《保教立国——康有为的现代方略》,生活·读书·新知三联书店2015年版,第14—15页。

第一章 时代与思绪：国学、儒学与墨学

夺的原因，恐怕亦有未周处"①，因为孔子的神圣化本来就是儒家发展过程中的一个方面，这点尤其表现在神秘化色彩比较浓厚的汉代谶纬思想和公羊学系统中。干春松的这个观点无疑揭示了孔教在中国历史上源远流长的一面，如果我们联系从"侯外庐学派"开始，经任继愈传承，由李申教授敷衍篇章的"儒教说"，②那么还可以获得更多的证据。不过，在中国现代，孔教的一个指向就是应对基督教的冲击。

需要补充的不是在中国历史上孔子的神圣化、神秘化从什么时候开始，而是在其他地方：康有为究竟为什么提出孔教说？同样是大陆新儒家的唐文明明确指出，"学界流传甚广的一个说法是认为康有为提出制度化的孔教是在模仿基督教，这一说法至少就康有为早期的孔教建制主张而言是很不妥当的。"③

在康有为思想中，孔教说究竟提出于何时？这个问题之所以重要，一个原因是这关涉到康有为的孔教说有多少种形态？关涉到孔教说能否成立，因此不得不察。值得注意的是，

---

① 干春松：《保教立国——康有为的现代方略》，生活·读书·新知三联书店 2015 年版，第 21 页。
② 一般会把儒教说的提倡看成是任继愈、李申两位教授的主张，但笔者认为还可以追溯到"侯外庐学派"。侯外庐学派的《中国思想通史》《中国哲学史纲》等著作，明确地提出了"儒教"的概念，并且将它与西方的宗教放在了同等的地位上加以论述。其实也便是蕴含着将儒学看作是宗教的观点，但没有如任继愈、李申师徒那般明确。
③ 唐文明：《敷教在宽——康有为孔教思想申论》，中国人民大学出版社 2012 年版，第 76 页。

个体的时代

在干春松《保教立国》一书中,孔教思想的出现最早在1895年,而且还是作为基督教的对立面隐约出现的。不过,唐文明认为,"孔教"二字在康有为著作中的首次出现,是写作于1886年的《康子内外篇》,但是,孔教思想的提出在文献上却在早于《康子内外篇》的《教学通义》。他敏锐地注意到,梁启超写作于1901年的《南海康先生传》明确单列第六章"宗教家之康南海",在其中提及《教学通义》中孔教思想的萌芽:"先生所著书,关于孔教者,尚有《教学通义》一书,为少年之作,今已弃去。"唐文明认为,在此书中康有为的孔教主张还是在师法上古、三代而恢复敷教之制。这个意义上的教指的是广义的宗教,用康有为的说法是顺乎人性的"阳教",而不是狭义的宗教("阴教"),其内涵是,"其立国家、治人民,皆有君臣、父子、夫妇、兄弟之伦,士、农、工、商之业,鬼、神、巫、祝之俗,诗、书、礼、乐之教,蔬、果、鱼、肉之食,皆孔氏之教也,伏羲、神农、黄帝、尧、舜所传也。反地球之内,靡能外之。"①

这种对孔教的理解,当然可以有效应对孔教的一个顽强的对手——章太炎的批评。章太炎认为,中国素来没有(狭义的)宗教,因此平白无故勘定孔教,有如在完好的身体上剜肉生疮,毫无必要;而且由于宗教惯有的狭隘性,容易激起冲突,"十字军之祸生于东方矣!"问题在于,一来,广义的孔教其实

---

① 《康有为全集》第一集,中国人民大学出版社2007年版,第103页。

就是人伦日用,将吃饭喝茶都称之为孔教,未免过于宽泛;二来,如此理解的孔教一定程度上也消磨了孔教的一个积极作用,毕竟康有为还是想利用孔教做一点应对基督教的事业的,这点干春松的著作言之甚详。

(二)孔教能否成为现代民族国家的认同标志?

干春松认为,"孔教会所要承担的功能主要有两个:一是对于传统价值和生活习俗的继承;二是提供民族国家的合法性基础,因为孔教凝聚了历史和文化甚至民意上的合法性资源。"①窃以为,如果孔教会发挥的是第一个功能,那倒和一般的国学研究会之类差别不大,但那又何必创造一个新名词,妄生事端?但无疑,这个意义上的孔教之教是广义的,指的是儒家文化。

值得讨论的是第二个意义上的孔教。麻烦在于,这个意义上的孔教既可以指狭义的宗教,也可以指一般性的历史文化,确切地说是儒家文化。他们能否成为现代民族国家的认同标志?

对于这个问题,狭义的宗教意义上的孔教的回答是否定的。中国近代史已经为我们提供了答案。

康有为主张立孔教为国教,因为表面上这似乎违背现代国家政教分离,不立某一具体宗教为国教、主张信仰自由的基

---

① 干春松:《保教立国》,生活·读书·新知三联书店2015年版,第53页。

本原则,但是,"孔子之道,敷教在宽,故能兼容他教而无碍,不似他教必定于一尊,不能不党同伐异也。故以他教为国教,势不能不严定信教自由之法。若中国以儒教为国教,二千年矣,听佛道回并行其中,实行信教自由久矣。然则尊孔子教,与信教自由何碍焉?"[1]

但是,仔细辨析之下我们还是能发现问题:某一宗教的特性是宽容的,是否就赋予它被尊为国教的合法性? 其实新文化运动诸人早就认识到,对于这个问题的回答是否定的。根本原因还在于现代国家应当奉持信教自由的原则,而不可确定一尊。陈独秀所言甚明:"政教分途,已成公例,宪法乃系法律性质,全国从同,万不能涉及宗教道德,使人有出入依违之余地。"[2]他还说:"与其主张将尊崇孔教加入宪法,不如爽快讨论中华国体是否可以共和。若一方面既然承认共和国体,一方面又要保存孔教,理论上实在是不通,事实上实在是做不到。"[3]

那么,广义上的孔教也即作为历史文化乃至民意凝结的儒学,能否成为现代民族国家的认同基础? 干春松指出,对于这个问题的忽视是陈独秀等人的一个严重不足:"遗憾的是,

---

[1] 《康有为全集》第九集,中国人民大学出版社2007年版,第327页。
[2] 陈独秀:《再论孔教问题》,《陈独秀著作选》(第1卷),上海人民出版社1993年版。
[3] 陈独秀:《旧思想与国体问题》,《陈独秀著作选》(第1卷),上海人民出版社1993年版。

第一章 时代与思绪:国学、儒学与墨学

反对者并没有从文化民族主义的角度,去理解康有为对于孔教与国家意识和国民精神培养之间,以及文化传统与政治之间复杂关系的思考,这些在抱持政治理想主义的陈独秀眼里一并被认为是中国接受现代民主政治体制的障碍。"①

老实说,"文化民族主义"在此是一个不恰当的词语。按照这句话的下半句,这里干春松要说的是现代民族国家的建设与传统文化之间的紧密联系。但文化民族主义的要点恰恰在于暂时撇除政治的因素来考虑文化的民族主义价值;甚至有学者反对文化民族主义这种提法,因为请问什么不是文化呢?一个太广的概念或许就是一个空洞的概念②。

在此,更加确切的提法是政治民族主义,指向的就是现代民族国家(nation state)。以此为背景,我们一方面要承认传统文化的积极作用;另一方面,必须承认"人民主权"已然成为现代民族国家的建国原则。换而言之,现代民族国家的基础是内部的人民对于现代政治原则的认同,至于这些人民在文化上认同的是哪一种,则是其次的问题。如果将文化作为民族国家的建设原则,那仍然难以避免内部的分裂和冲突。从这个角度看,陈独秀等人一再追问孔教和专制之间的联系,绝非单纯出于激进主义、理想主义,也绝非由于历史的偶然(如

---

① 干春松:《保教立国》,生活·读书·新知三联书店2015年版,第72页。
② 源于美国著名民族主义专家里亚·格林菲尔德(Liah Greenfeld)和笔者的谈话。

张勋复辟捎上了康有为),而是对国家基本建设原则的取舍。

从这个角度看,广义的孔教试图成为现代民族国家的根基,一方面似乎过于看重自己,有意无意忽略了中国历史上其他类型的文化传统的存在;另一方面似乎忘却了要进行现代转换。而转换之后的孔教是否还是传统文化,那是需要辨析的:更加精确的说法是,传统文化在新时代的变迁,已经接受了现代性的洗礼,当然也包含着与现代性的对话。

(三) 孔教的德性化与礼仪化

看来,孔教是否能够成为基督教类型的宗教,这个问题本身在大陆新儒家那里就存在争论;孔教(无论是狭义的还是广义的)能否成为现代民族国家所认同的基础,也颇存疑问。那么,孔教的出路何在?干春松认为,德性化与礼仪化或许是可以考虑的。

所谓德性化是我的概括,干春松的说法是将孔教"公民宗教"化。他认为,"康有为虚君共和的设想并非是要维持帝制,而是希望借助帝王的名号来维护传统的道德,这与卢梭和贝拉的建立公民宗教的目的有一致之处"[1],而这正是"以舍弃教会组织和权力参与的方式来构建儒教的未来形态"[2]。干春松指出,无论是杨凤岗还是陈明对公民宗教的设计,都旨在充分发挥儒家思想对于道德风俗重建的意义。正是在这个意

---

[1] 干春松:《保教立国》,生活·读书·新知三联书店2015年版,第74页。
[2] 干春松:《保教立国》,生活·读书·新知三联书店2015年版,第76页。

义上,我把这种进路称为孔教的德性化。

于是我们发现,去除"公民宗教"这种提法比较玄乎成分,这种做法的实质还是让儒学发挥建设道德的积极作用。对此我们也是热望的。当然,这么一来,另一位大陆新儒家唐文明未必同意,他认为重提孔教的目的就是要拯救经过科学的方法论的过滤,"只剩下一副干瘪的道德主义面孔"的儒教,恢复"原本贯通天地、具有终极面相、意在全盘生活计划的儒教思想"形象①。但儒家的道德意义已是一个老生常谈的话题,以"公民宗教"称之,是否又会增加无尽的争端?

干春松对作为公民宗教的儒教的设计,当然有其新意:"我个人认为将儒教设计成一种公民宗教有一个很可行的路径,就是在礼仪资源十分缺乏的当下中国,通过仪式和礼仪的重建来重构中国人的道德意识和神圣性维度。"②

在此,干春松对儒教的理解已经不限于道德建设,而是意在回应中国国家文化符号确实的现状,"通过一些超越具体宗教派别的符号来强化文化认同和国家认同"。③ 这个设想很好,只是我不知这些国家符号为何一定来自儒家?自称孔教、儒教的儒学如何超越具体的宗教派别?我们绝不否认"传统儒家在公共礼仪和日常礼仪建设方面的文化积累"(《保教立

---

① 唐文明:《敷教在宽》,中国人民大学出版社2012年版,第6页。
② 干春松:《保教立国》,生活·读书·新知三联书店2015年版,第80页。
③ 干春松:《保教立国》,生活·读书·新知三联书店2015年版,第81页。

国》,第81页),传统具有继承和借鉴意义,但现代的创获也是值得珍视的。对此,康有为本人或许在无意间为我们提供了论证。比如,在《教学通义》中,他建议将古代的射礼改为烧抢礼。因为"射之义在武备,今之武备在枪炮,则今之射即烧抢也"①。

孔教能以何种形象突围?宗教?国家认同的符号?道德培养的资源?还是神圣化的礼仪制度?抑或其他?随着行文的展开,我们发现,其背景已然不单纯是科学昌明,而且也是民主盛行。孔教何去何从?国人拭目以待。

五、何谓贤能政治?
——梁启超的启示

连大陆新儒家都野蛮生长的今天,儒学究竟意味着什么?虽然说法很多,但似乎在扩展范围的同时,对某些话题却在缩减,比如,如何将儒学和民主政治联系起来?相对而言,20世纪在这个问题上却产生了大量的文献。上文提及的因为主张妇女回归家庭而被部分不明真相的群众严厉批评的蒋庆早先提倡的也是"政治儒学",而不是"家庭儒学"。当然,按照从孔子开始的儒家传统而言,"齐家治国平天下"是联系在一起的;家庭未必没有政治意味。

---

① 《康有为全集》第一集,中国人民大学出版社2007年版,第52页。

第一章 时代与思绪：国学、儒学与墨学

2016年,贝淡宁所著《贤能政治》中译本问世,引起学界强烈反响。[①]然而,何谓贤能政治,还是处于争论之中。也许,我们依然不能忘记历史。1922年,"思想界之陈涉""不惜以今日之我战昨日之我"的梁启超在《先秦政治思想史》中对贤能政治的诠释,今日看来依然能够给人颇多启发。

梁启超在本书中的意图是,提炼出中国思想之为中国思想者,也即中国思想的主体性。他认为,在政治哲学上,中国思想的主体性便表现为世界主义、社会主义和民本主义的率先提出。而他便是使用民本主义来刻画儒家思想的。

稍微熟悉点中国思想的人看到这个结论,定然哑然失笑。因为将儒家和民本主义联系起来,这是老生常谈。但是,在我看来,梁启超之为梁启超,的确不一般。在这个老生常谈的话题上,在1920年代,他就提出了不一般的观点,现今的某些讨论也没有超过他。时间却已是将近一百年过去了。这个观点用我的话来说就是"全民的贤能政治"的提出。

贤能政治的基本意思是,国家的治理需要在道德上接近完善(最好就是完善)、在能力上强大的官僚。之所以如此,有一个前提：因为在传统的政治结构中,天子或者各种称呼的最高统治者是必不可少的。问题在于,这个最高统治者本身并不必然是贤能的。这点我们完全能够想象。第一代最高统

---

① [加]贝淡宁著,吴万伟译：《贤能政治》,中信出版社2016年版。

治者在马上得天下,在刀尖上讨生活,自然是人中龙凤。问题在于,到了第二代及以后的最高统治者,这种贤能便很难保证了。

梁启超在此书中明确提出了这个问题:"仁者不出世,而不仁者接踵皆是,如何能使在高位者必皆仁者耶?"[1]正是在这种治理格局中,贤能政治成了挽救的手段。从某种角度看,贤能政治的确是儒家为了实现王权,另一方面又是为了限制王权而作出的一项理论创新、乃至制度创造。不过,对于这种回答,一般人的评价往往是消极的:"儒家对此问题,遂不能作圆满解答。"因为答案最终落在了"人治主义"上:"其人存则其政举,其人亡则政息。"(《中庸》)

但是,梁启超进一步表示,他所要讨论的问题恰恰是,儒家的人治主义果然那么脆弱吗?贤能政治果然如世俗所认为的那样,"专以一圣君贤相之存没为兴替耶?"[2]圣君的问题上文已经说过。这里说说贤相的问题。注意,我把贤能政治的主体确定为官僚。他们根本上有着和圣君一样的困境:我们很难确保参与统治的官僚也是合适的。

面对着这样的困境,梁启超主张"全民的贤能政治"。换而言之,不放弃人治主义,但是,主张以"多数人治"代替"少数人治";即将民众而不是少数的官僚、天子作为政治的骨干。

---

[1] 梁启超:《先秦政治思想史》,岳麓书社2010年版,第94页。
[2] 梁启超:《先秦政治思想史》,岳麓书社2010年版,第95页。

就此而言,梁启超认为,多数人治的思想和西方的"德谟克拉西"(即民主)颇为接近。

但也只是颇为接近而已。两者存在着根本的差异。儒家的"多数的人治"是建立在民众人格的完善的基础之上的。梁启超的意思是,儒家通过把大多数民众培养为君子,使之具有参与政治的能力,而不是永远处于被统治的地位,反过来,他自身也就成为政治活动的主体。"儒家深信非有健全之人民,则不能由健全之政治,故其言政治也,惟务养成多数人之政治道德政治能力及政治习惯。"而培养的手段,也即"仁义德礼等而已"。这就是"全民的贤能政治"的大意。

在梁启超的这场演讲中,他暗含了但却没有明言的是,"全民的贤能政治"一定程度上克服了古典的民本主义所包含的一个严重问题:民粹主义。

梁启超认为,古典的民本主义的一个要义是,它主张天子是天的代理人,在天的监督之下行使政治。"然此抽象的天,曷由能行使其监督耶?"古语中的"天听自我民听,天视自我民视"等解决了这个问题。"吾先民以为天之知(聪明)能(明威)视听,皆假途于人民以体现之。民之所欲恶,即天之所欲恶。"如果君主不能承担责任,人民就有权利起而革命。可见,古典的民本主义不仅指的是一般所认为的包含了民有、民享、民治的民主主义,而且,也包含了革命,这点也为孔孟所主张。

问题就来了,如果民众随意革命怎么办?梁启超认为,这个担忧不是主观臆测的,而是在历史上真实发生过的。"民本主义极有力,西周之末尚然,东迁以后渐衰,至春秋末几无复道此者。此固由霸权骤兴之结果,抑亦当时贵族滥用民意以倾公室,故不为贤士大夫所许。"滥用民意从一个角度表征着民粹主义的胜利,认为凡是民众主张的就是好的,而忽略了民众本身也是良莠不齐的,甚至很可能在广场效应下沦为现代社会心理学所说的"乌合之众"。[1] 无疑,"全民的贤能政治"首先就解决了民本主义中民众主体的良莠不齐的问题。

梁启超认为,这个思想早已体现在《左传》中。《左传》中说:"商书曰:三人占,从二人,众故也。武子曰:善钧从众,夫善,众之主也。"武子指的是栾武子。法家(商君)认为应该在民主问题上坚持多数决定少数的原则;栾武子不同意。他认为必须在大家都是善的前提下才能采取多数决定的原则。他甚至认为,即便采取尊重多数的原则,不要忘记,善是更大的多数。梁启超指出,这个观点是颇有洞见的:"多数取决,为现代议会政治一铁则,良无他道足以易之。然多数所赞者必与国利民福相应,则按诸理论与征诸史迹而皆有以明其不然也。"[2]

"全民的贤能政治"主张让每一个民众都成为政治的主

---

[1] 参见[法]勒庞著,马晓佳译:《乌合之众——大众心理研究》,民主与建设出版社2018年版。
[2] 梁启超:《先秦政治思想史》,岳麓书社2010年版,第94页。

第一章 时代与思绪：国学、儒学与墨学

体。就这点而言颇符合现代性的基本原则：每一个人都是主体。但是，它借助于道德培养来实现这点是否行得通？儒家往往将道德主体和政治主体混淆起来。如果说古代由于德政不分，尚情有可原，那么，现代新儒家中讲政治哲学讲得很好的一些人（如熊十力、徐复观）也持这种主张，究竟是思想深刻，还是传统的负担沉重，"死人拖住活人的腿"？不过，从思想史的发展脉络上讲，一定程度上他们都是承继梁启超而来。

如果我们引进严复的观点，或许能够从一个侧面折射出梁启超观点的问题与价值。众所周知，严复在中国现代政治哲学史上较早提出了"自由"（自繇）的概念。有趣的是，他认为中国古代的恕道、絜矩之道和西方的政治自由十分接近。不过，他马上又说：如果说它们接近是可以的，说相同就错了。因为西方的自由讲的是"存我"，中国的恕道、絜矩之道指的是"待人及物"。[①] 严复的这番话一直颇为费解。因为，他所理解的西方的自由恰恰是"以他人之自由为界"，也就是说，未必没有考虑到他人。所谓恕道、絜矩之道指的是"己所不欲，勿施于人"，显然，也是包含了"己"的。那么，如何理解严复的那些话？也许答案在于，严复认识到了，恕道、絜矩之道更加侧重于道德领域，而西方的自由是一个政治哲学的话题。两者所处的领域不同。这种不同究竟意味着什么？举个简单

---

① 严复：《〈群己权界论〉译凡例》，《严复集》(1)，中华书局1986年版，第132页。

的例子：道德上有瑕疵的人也是有他的政治权利的，而不是因此而被剥夺权利的。明乎此，便明乎现代性之大半。问题在于，现代性是不是天堂？如果它是地狱呢？

那么，道德和政治究竟能不能混同？这是梁启超在《先秦政治思想史》中提出的全民贤能政治说遗留给我们的一个问题。

六、儒家政治哲学的限度
——读《儒家的困境》

狄百瑞(Wm. Theodore de Bary)在西方是地位仅次于费正清的著名汉学家。与费先生洋洋洒洒的巨著不同，狄先生迄今已译成中文的《中国的自由传统》《东亚文明——五个阶段的对话》，以及新世纪在大陆翻译出版的《儒家的困境》都是十万字多一点的"小书"。然而，小书虽小，内容深湛，非反复读上几遍难以理解其意蕴。2017年7月14日，狄百瑞的去世又使得阅读其书成了一个热点。更加重要的是，他的许多观点成为儒家政治哲学复兴的表征。因此，考察他的观点，是有意义的。读罢《儒家的困境》，思绪翻涌，时常冒出一个念头，又被另一重论述和可能所否定。兹就若干问题陈列于此，和读者诸君一起讨论。

（一）儒学是不是宗教？

狄百瑞的儒学研究最大的特点是，侧重于从儒家和西方宗教以及自由主义的比较中来展现儒家的特质及其不足。在潜意识中,狄先生没有明言的是,儒家其实是一种宗教,但是,由于它没有像西方的基督教那样构造完美,所以在实践中产生了种种问题。在此书中,他便指出,基督教是让每一个人和上帝订约,所以每一个人都对这个社会及自身负有不可推卸的责任,所以能够产生和强权抗衡的力量。可是儒家只让少数的君子和上天对话,承担起过分沉重的责任,而让广大的民众隔绝于和上天对话的格局之外,处于不负责任的境地。缺乏民众支持的君子在与强权抗争时自然势单力薄,只能以悲剧告终。①

先不说儒家的君子和民众之间的关系(这点下文会讲),狄百瑞此处显然预设了儒家也应该是宗教。而且,他把宗教严格地限定为只有基督教那样的形态的宗教才是宗教。这种思路是有益于打开思想的空间的,可是,其中隐含的西方文化霸权主义的味道则令人不快。即便我们承认儒家是宗教,为什么一定要以基督教的宗教形态为参照版本呢?

或许更加重要的是,在今日我们与其来大谈特谈儒学是不是宗教,不如挖掘出儒学中的若干宗教性的成分,来安抚日益紊乱的世道人心。事实上,如果我们给宗教下不同的定义,那么儒学是不是宗教这个问题的答案将大相径庭。我们与其

---

① [美] 狄百瑞著,黄水婴译:《儒家的困境》,北京大学出版社 2009 年版,第一章。

在这种近乎文字游戏的活动中浪费精力,不如将问题提得更加尖锐、也更加下里巴人:不管儒学是不是宗教,我们普通人能够从对儒学的阅读、思考中获得什么成分,来滋润自己的心灵以及灌溉所处的社会?我以为,阅读儒学的著作在一定程度上是可以获得心灵的安顿的。

儒学的一个关键是承认在极其普通的日常生活中人们是可以获得道的,也就是获得心灵的超越感、高峰感。这也就是《中庸》所讲的"极高明而道中庸","极高明"也就是得道的自由感,"中庸"也就是平凡的日常生活。它告诉我们,虽然到深山老林以及异域去旅游是可以放飞心灵的,但是,有时我们根本不必这样做,只要在日常生活中掌握一定的技巧,就可以获得心灵的安宁。关键是这个技巧是什么?或许现代新儒家冯友兰的回答会给我们极大的启示。冯友兰继承了儒家"极高明而道中庸"的基本观点,并且赋予它现代的诠释。他认为,在日常生活中,只要我们"觉解"自己正在从事的事情的意义,那么我们就能够逐渐地获得道。比如,我们普通人必须工作,这时候就呈现出四种不同的境界:如果我们凭着本能工作,什么想法也没有,到了什么年龄做什么事,到了什么岗位干什么活,那么所得只是"自然境界",和动物差不多。如果我们考虑到工作能够带来经济报酬,甚至可以功成名就,那么所得就是"功利境界"。如果我们进一步想到自己的工作不仅仅是满足自身的生理需求,而且构成了社会群体中的一环;自己从社会中获得滋养,反之也应该回报社会,所以工作是自己应尽的本分,那么所得就是"道德境界"。更进一步,如果我们意识到通过工作自己掌握了自然的规律、社会的规律,自己也进一步认识了自己的能力,实现了自己的潜能,与天地相交通,那么所得就是"天地境界",也即得道了。

这种"觉解"是每个人都能做的。它是儒学中富含宗教性的成分。儒学的一大现代意义也就在此。将之挖掘出来已经超越了儒学是不是宗教的争论。

(二) 狄氏所说究竟是哪一种儒家?

儒家不仅仅有历史的流变,而且,自从汉代儒学成为官方意识形态之后,从横向看,至少存在两种儒学:作为官方意识形态的儒学和作为民间思想、信仰、生活样态的儒学。虽然我们要承认两者之间存在着紧密的纠葛——即,意识形态的儒学必然要求渗透到民间成为生活准则,民间思想的儒学也可能包含着和意识形态一致的内容,甚至也可能会被吸收、调整为意识形态的组成部分,成为意识形态的自我更新之源泉——但是,两者之间显然存在着这种分野。狄百瑞突出了儒家的困境,除去上文所说的儒学和宗教的关系问题之外,其困境还表现在儒家虽然不乏自由主义的思想因子,但是根本上没有有效地教育好和组织好民众,使之成为对自身的强大支持,所以,面对皇权压迫时儒家的君子只能杀身成仁,而不能损害皇权分毫。"除了个别和短暂的时期,在面对政权以及任何能在朝廷上控制政权的人时,儒家学者是势单力薄的个体,背后缺乏有组织的政党的支持或者积极拥护儒家的人的支持"①。"中国无法启动人力资源的一个关键因素就是教育的失败","儒家很难完成儒学遗产要求他们履行的三项职能:为政、精通经学以及教育大众"。②

可是,这种困境究竟是属于意识形态化的儒家的呢,还是属于尚处于民间思想的儒家的呢? 我以为,儒家的困境恰恰发生在从民间思想转化为意识形态的过程中。

章太炎指出,"儒家之病,在以富贵利禄为心。"③也就是总是想着要向官家出售自己的学说,使之成为官家指导思想,从而成就个人富贵和思想不朽两项成功。儒学总是盼望着将自身意识形态化。儒家的最高理想"为帝王师"也从一个角度证明了这点。如果说帝王代表的是王权治统,那么儒家就希望自身是思想道统,指导、规范、抗衡治统。但是,从山林到庙堂变化的不仅仅是思想的存在场所,而且涉及思想的存在形态。用一句老生常谈的话来说,统治阶级吸纳了儒学之后,就把它们的创始人一脚踢开。

儒学一旦官方化,异化是必然的。这点从孔孟、董仲舒、

---

① [美]狄百瑞著,黄水婴译:《儒家的困境》,北京大学出版社 2009 年版,第 59、109 页。
② [美]狄百瑞著,黄水婴译:《儒家的困境》,北京大学出版社 2009 年版,第 109、119 页。
③ 章太炎:《诸子学略说》,《章太炎讲国学》,张昭军编,东方出版社 2007 年版,第 40 页。

第一章　时代与思绪：国学、儒学与墨学

朱熹、王阳明的个人遭遇上就可以看出。孔孟在他们那个时代可谓郁郁不得志。他们说了很多鼓舞人心的话,但其现实遭遇令人丧气,其崇高的地位是后世儒学意识形态化之后追加的。董仲舒三年目不窥园写成"天人三策",也一时为皇帝所重用。但其最终结局是被贬至某个诸侯国养老。朱熹的理学在后世成为官方意识形态,甚至五四新文化运动反理学在人物上反的就是朱熹,可是,朱熹刚创造出理学的时候,其学说被视为异端。后来之所以被恢复名誉,原因恐怕也不在于统治阶级认识到了自己的错误,而是"存天理灭人欲"这类话能够为皇帝所用。王阳明的文治武功都十分了得,但是,起初他的思想只是民间思想的代表,甚至吸引了很多劳动人民(白丁)。令人感慨、值得反思的是,他的思想真正创造于艰难困苦之中,恰恰是仕途上的不得意以及自身对生命终极问题的追求,促使他构建了心学。虽然顾炎武等人把亡明的思想责任推到王阳明的心学上,但是,到了雍正的时候,心学的核心概念"良知"却成为皇帝统治的手段。据史载,雍正批评臣下,不是依据某条规定或者法度,而是动不动就说：你的良知到哪里去了?! 这就是所谓的诛心之论。[①] 一旦皇帝诉诸良知,被责备者不仅道德上受到谴责,惶惶不安,而且,由于良知的最终决定者是皇帝,朝令夕改、朝三暮四便是必然,臣子们更

---

① 参见章太炎：《东京留学生欢迎会演说辞》,《章太炎讲演集》,马勇编,河北人民出版社2004年版。

是如坐针毡,动辄得咎。在这个意义上,作为儒学发展新形态的心学居然成为统治者深化统治的得力手段。我们也能从中读出儒学的悲哀。

儒家的困境便发生在意识形态化的过程中。作为一种有意官方化的思想,儒学必须提供两点:第一,维护正统,确保国家、社会稳定,也即提供统治的手段。亦即《大学》所说的"齐家治国平天下"。从历史上儒学基本上是国家的意识形态这点看,儒家这方面做得很不赖。第二,培养自身学说的担当者。也就是说,这个学说必须鼓励人们为维护正统而努力学习、工作,日新不已,即《大学》所说的"修身"。从这个角度看,狄百瑞的观点或许值得商榷。他认为儒家的困境之一是教育上的问题。但事实上儒家对教育问题极端重视。"修身"是儒家的"八条目"之一。而且,其教育对象为所有的社会成员,而不是只限于"君子"。进一步说,由于儒家的教育对象是所有人,而且以各种通俗的方式深入普通民众,所以,事实上,任何人都知道修身的重要,也就是承担个人责任的重要性。(附带说一句:儒家通过普遍的教育突出了个人的责任感,即,儒家没有上帝照样完成了西方通过和上帝订约才能完成的事:树立个人、自心。中国没有个人主义,不是因为没有上帝,原因在别处,需要讨论。)

换而言之,儒家通过意识形态化,扩大了自己的覆盖面,实则为与皇权抗衡培养了普遍的民众基础,即,所有的民众都是儒家的承担者。这点本来应该是叫儒家欣喜的事。问题在于,这两个要求之间存在明显的紧张。这个紧张在某种意义上和儒家的自身定位相关。它一方面想意识形态化,所以想出了很多花招供统治者使用;另一方面又想和统治者抗衡,并且通过普遍化的教育民众来获得力量和支持,以及培养出自身思想的发展者(狄百瑞所说的"君子")。但是,儒家的意识形态化越成功,越意味着它的"修身"思想被抽去了抗议性的内容。修身说白了就是把自己培养成一个叫统治者欢喜而不是头疼的人。于是儒家的精英无奈地发现自己被架空了。虽然孟子还说过"民贵君轻",但是,老百姓听不到了。

(三) 孔子为什么不敢联合民众?

1906年章太炎在东京留学生欢迎会上的演讲里面告诫革命党人,要联合广大民众进行革命,不要学孔子:"孔子最是胆小,虽要和贵族竞争,但终不敢联合平民,去推翻贵族政体。"[1](多说一句,通行的教科书认为,辛亥革命的失败原因之一就在于缺乏民众基础。革命党人没有听章太炎的话。)需要问的是,孔子为什么不敢联合民众?狄百瑞认为儒家的一大困境也在于其组织能力的欠缺。事实上,他在书中屡次提到的"君子"的代表形象就是东林党人。对于东林党人狄百瑞

---

[1] 章太炎:《东京留学生欢迎会演说辞》,《章太炎讲演集》,马勇编,河北人民出版社2004年版,第4页。

在别的书中曾肯定了其政治斗争的艰苦卓绝,但是,"他们似乎不觉得需要通过作平民教育的方式来作更多的宣传,及因此得到更大的同情和政治上的支持。由此言之,他们在政治运动上的失败仍不外是囿于典型受教育的优秀分子或以耕读传家的士绅阶层"。[1] 那么,儒家的组织能力究竟如何?

回应狄百瑞的评价需要对东林党人在宣传、组织上的相关问题作专门的研究,有兴趣的读者可以找找有关的资料自我探究一下,笔者学力有限,不赘。这里要说的是,儒家组织能力的欠佳(姑且承认这点)也和意识形态化的自我要求相关。儒学成为正统思想已是一个不争的事实,其教育的普遍化也有目共睹。那么,他们先天就认为自己的行动会得到普遍的支持。可是,他们大概忽略了一点:借助于官方推行开来的儒学教育,严格地说是皇家教育,培养的不是纯粹的儒家,而是识字的、能够为皇帝写诏书的儒者。从这个角度说,刚开始时,孔子不是不敢联合民众,而是他想通过联合贵族,扩大自身的实力,从而达到联合民众的目的。等到他联合好贵族(至少他的徒子徒孙做到了这点),他便发现他其实已经不能联合民众了,因为他的思想已被篡改了。更糟糕的情形是,等到他联合好贵族,他自以为已经完成了联合民众的任务。可是,一旦皇帝想拿他的脑袋试刀,他才恍然大悟自身的

---

[1] [美] 狄百瑞著,李弘祺译:《中国的自由传统》,香港中文大学出版社1983年版,第96页。

第一章　时代与思绪：国学、儒学与墨学

孤独和任务的失败。

从另一个角度看,即便儒家没有意识形态化而处于民间,他们的组织能力究竟如何呢？在此我指出两个互相冲突、也未必全然合适的例子供进一步讨论之用。不少学者指出,实际上晚清的绅权和皇权形成了有力的抗衡,民间的绅权成了一支不可小视的力量。特别在镇压太平天国运动之后,地方上更多地听命于当地的士绅组成的类似于政府机关的机构(各种"局")。[①] 无疑,士绅这种民间力量显示出了强劲的组织能力。那么,其背后的指导思想是什么？和儒学有没有关系？考虑到儒学在日常生活中的渗透性和弥漫性,大概不能说和儒学全然无关。

另一个例子是梁漱溟先生1949年前所进行的乡村建设运动。其实质是要恢复儒家的日常生活世界。应该说梁先生这个"最后的儒家",明确地表示出了对民间社会的关注,用狄百瑞的话说就是梁漱溟不再"囿于典型受教育的优秀分子或以耕读传家的士绅阶层",而是通过唤醒民众来获得支持。可是,最终的结局是"号称乡村运动而乡村不动"。[②] 原因何在？除了当时具体的国内外形势之外,和儒学的组织能力有无关系？

---

① 参见杨国强:《晚清的士人与世相》,生活·读书·新知三联书店2008年版,第146—214页。
② 梁漱溟:《我们的两大难处》,《乡村建设理论》,上海人民出版社2006年版,第368页。

这些问题一定程度上反映出狄百瑞先生作品的某些不足,即,其论断常常给人以新奇之感,令人深思,但是,其论证过程总是简短,疏漏在所难免。比如"儒家的困境"这么大的题目狄先生只给了十万字的篇幅,并且从先秦到现当代,通论了一遍。或许,我们除了宏观论述之外还需要作精细的个案分析。

七、再论新文化运动有无"打倒孔家店"口号的问题

长期以来,人们普遍认为新文化运动的主要口号是"打倒孔家店"。然而,近年来有学者对此提出了质疑。一个代表人物是北京大学哲学系教授王东。他在《五四精神新论》中提出,五四运动只是提出了"打孔家店",没有提出"打倒孔家店"。他还在学术期刊、学术研讨会等多种场合发表相同的观点。是论一出,宇内振奋。多家学术期刊、普通报刊(比如《北京日报》《文摘报》《世界博览》《共产党员》)转载此观点。可见其影响之大。

然而,情况果然如此吗?新世纪,44卷本《胡适全集》得以出版。粗略地浏览之下,我们禁不住想对此观点提出质疑。

(一)论王东的论证是有问题的

王东的论证是存在问题的。他通过回顾五四运动时期"打孔家店"或"打倒孔家店"说法的流传情况,指出,"'打倒孔家店'这个多年以来广为流行的'五四口号',其实并非五四新

第一章　时代与思绪：国学、儒学与墨学

文化运动当时提出的口号,而是后人强加给五四运动的附加物。"①这种做法至少存在两个值得商榷之处：

第一,说有容易说无难。

说五四运动时期提出过"打倒孔家店"的说法,我们只需举一个例证就足够；但是,说五四运动时期没有提出过"打倒孔家店"的说法,我们需要做的工作是异常艰巨的,即,需要将这个时期的所有的材料都梳理一遍。如果确实没有,那我们才能得出结论说是没有。显然,这是一个不可能完成的任务。当然,我们可以退一步,将检索范围限于五四运动时期产生影响的重要期刊和人物身上。其实王东本人就是这么做的。他说："实际上,遍查五四新文化运动的所有历史文献,也没有'打倒孔家店'这个口号,五四运动的主要代表人物中,谁也没有提出过这个口号。"②对此,他还有更加详细的论证："五四新文化运动的历史文献,最主要的首推《新青年》杂志,与此相关的还有《新潮》《现代评论》等几家刊物。孔子问题的讨论,相对集中于《新青年》从1916年2月出版的第1卷第6号到1917年3月出版的第3卷第6号这几卷中,向后延续到1922年初出版的第7卷第2号,无论怎样遍查当时的报刊、杂志、书籍、出版物,都找不到'打倒孔家店'这个口号。从五四新文

---

① 王东、纳雪沙：《"打倒孔家店"是五四运动的口号吗？——五四精神实质新论》,《新视野》2010年第4期。
② 王东：《五四新文化运动若干问题辨析》,《哲学动态》1999年第4期。

化运动的各种代表人物来看,无论是最主要的五位代表人物——蔡元培、陈独秀、胡适、李大钊、鲁迅,还是略逊一筹的一般代表人物——刘半农、周作人、易白沙、吴虞等人,甚至包括思想最激进、最极端的钱玄同,都没有提出过'打倒孔家店'的口号。"①

这种说法似乎是十分全面的,问题在于:(1) 五四运动的代表人物本身不是固定的,他们也是以某种价值为标准选出来的,而这样的标准很可能也受到了打不打倒孔家店说法的影响。(2) 那么,是否可以说,连对孔子持批判态度的人都没有提出打倒孔家店,这就更加证明了当时没有人提出打倒孔家店?不可。因为,为什么"打倒孔家店"不可以是在一定程度上赞同孔子的人提出来的呢?事实上,大家都承认,孔子和孔家店是两回事。通过打倒已经被工具化、妖魔化的孔家店从而拯救尚具人格魅力的孔子,这种做法不失为上策。回顾历史,陈独秀、胡适都是在批评官方化、意识形态化的孔子的同时,对孔子本身赞赏有加。可见保孔子而不保孔家店是可能的。(3) 注意王东在引文中的用词:"无论怎样遍查当时的报刊、杂志、书籍、出版物",实际上,"遍查"是不可能做到的。简而言之,我们在此的主要意思只是说判断五四运动时期没有人提出"打倒孔家店"的说法,这件事很难。

---

① 王东、纳雪沙:《"打倒孔家店"是五四运动的口号吗?——五四精神实质新论》,《新视野》2010 年第 4 期。

第一章　时代与思绪：国学、儒学与墨学

第二，要注意"口号"和"提法"的区别。

王东的文章列举了大量后世将五四运动判断为"打倒孔家店"的证据。从丁守和、殷叙彝合著的《从五四启蒙运动到马克思主义的传播》，到冯天瑜、何晓明、周积明合著的《中华文明史》，还有周策纵的学术专著《五四运动：现代中国的思想革命》，不一而足。他们都在著作中列了以"打倒孔家店"为标题的章节。从常识的角度看，人们对五四运动的主要倾向的印象也是"打倒孔家店"。然而，标题、感觉、印象更多地是一种概括和提法，并不意味着就是口号。在这个意义上，王东行文一开始就列出批判对象："'打倒孔家店'是五四新文化运动的纲领性口号——这一点似乎已成定论。"[1]恐怕属于无的放矢。事实上，也许王东本人都意识到了这个问题，因此，在真正展开文章时，他用得更多的是"提法"，而不是"口号"的字样。比如，他说："'只手打孔家店'这个提法，经过20世纪30、40年代陈伯达等人加工改造变成了'打倒孔家店'的提法，并开始被曲解夸大为五四新文化运动的纲领性口号。"[2]当然，在此王东也提出了一个很重要的观点："经过20世纪30、40年代陈伯达等人加工改造，……'打倒孔家店'（的提法）……

---

[1] 王东、纳雪沙：《"打倒孔家店"是五四运动的口号吗？——五四精神实质新论》，《新视野》2010年第4期。
[2] 王东、纳雪沙：《"打倒孔家店"是五四运动的口号吗？——五四精神实质新论》，《新视野》2010年第4期。

个体的时代

开始被曲解夸大为五四新文化运动的纲领性口号。"①这里面是需要详加展开的。一个提法如何变成了口号？这里面涉及的不仅仅是对历史事实的概括、判断，而且涉及基本的史实问题。可惜文章对此语焉不详。而且，就王东在其专著《五四精神新论》中所透露的陈伯达的原话而言，陈伯达在建议成立"中国新启蒙运动学会"时表示，愿意"接受五四时代'打倒孔家店'的号召"。②"号召"也不是"口号"。退一步讲，即便陈伯达的用语是"口号"，也不是很能说明问题，因为他可以在广义上使用"口号"这个词语，意思也只是五四时期的某种说法，而不是真的说五四运动果然有一个组织纲领一样的口号。

因此，王东提出的"'打倒孔家店'是五四新文化运动的纲领性口号——这一点似乎已成定论"③的说法站不住脚。我们至多能说："'打倒孔家店'是五四新文化运动的纲领性提法——这一点似乎已成定论"。而且，从其文章、专著的主要内容来看，他是在反对将五四运动单纯理解为激进的反传统，和"口号"不"口号"的关系不甚大。王东非要把提法、概括、号

---

① 王东、纳雪沙：《"打倒孔家店"是五四运动的口号吗？——五四精神实质新论》，《新视野》2010年第4期。
② 转引自何书彬：《"打孔家店"，还是"打倒孔家店"？》，《时代教育》2010年第2期。
③ 王东、纳雪沙：《"打倒孔家店"是五四运动的口号吗？——五四精神实质新论》，《新视野》2010年第4期。

第一章　时代与思绪：国学、儒学与墨学

召置换成"口号"不可，未免不够严谨。

（二）论五四运动代表人物提出过"打倒孔家店"

正如上文所引，王东说："实际上，遍查五四新文化运动的所有历史文献，也没有'打倒孔家店'这个口号，五四运动的主要代表人物中，谁也没有提出过这个口号。"[①]如果我们既严格一点，又宽松一点，那么这句话是有问题的。

所谓宽松一点，指的是不要执着于"口号"之有无，而应将"口号"放宽到"说法""提法"的层面。所谓严格一点，指的是这句话实际上没有规定"五四运动的主要代表人物"提出相关提法的时间，因此，严格地讲，这句话是有漏洞的。但这个漏洞正好为我所用。

新世纪，44卷本的《胡适全集》全部出版。无论如何，胡适是王东肯定的五四运动代表人物之一。胡适晚年在《关于教育问题的答问》中承认，"人家说我打倒孔家店，是的。"[②]同时他指出，"打倒孔家店并不是打倒孔子。"[③]"我们批评孔子，是要去掉孔子一尊，使与诸子百家平等。如果不打倒一尊的孔家店，没有法子使思想解放，思想自由。但是我六十二年来，还

---

① 王东：《五四新文化运动若干问题辨析》，《哲学动态》1999年第4期。
② 胡适：《关于教育问题的答问》，《胡适全集》第20卷，安徽教育出版社2003年版，第295页。
③ 胡适：《关于教育问题的答问》，《胡适全集》第20卷，安徽教育出版社2003年版，第295页。

是继续对孔子佩服,我觉得他这个人,是很了不得的。"[1]这些话至少表明:胡适明确承认了他在"五四"时期是主张"打倒孔家店"的。这些话就是确凿的证据。

同时,需要指出的是,胡适的表述还对王东的另一个观点形成了冲击。王东在"打"和"打倒"之间做出了严格的区分。他说:"'打'在这里主要是进攻、挑战之意,而'打倒'则是彻底推翻、完全否定之意,二者之间虽是一字之差,却有质与量上的微妙差异,程度上大为不同,不可混淆。"[2]可是,胡适在此非常明确地将孔家店和孔子加以区分。就其真实意思而言,即便他明确主张"打倒孔家店",也并不意味着打倒孔子。

(三) 论判断五四运动新精神不宜单从其口号之有无入手

五四运动究竟有没有提出"打倒孔家店"?这场争论的实质是什么?窃以为它的实质并不在于重回历史现场,判断五四运动究竟提出了什么口号,以及它的主流和支流是什么;而是,今天我们该如何进行文化创造?全盘西化论不仅在提法上存在问题,实际上做不到,而且,"以西方文化为主结合中国传统文化"这样退一步的说法也是有问题的。文化保守主义

---

[1] 胡适:《关于教育问题的答问》,《胡适全集》第20卷,安徽教育出版社2003年版,第295页。
[2] 王东:《五四新文化运动若干问题辨析》,《哲学动态》1999年第4期。

者提出的"传统的创造性转化"(林毓生语)虽然好听,也已经成了某种套话,但并非无懈可击。至少,它没有提出创造性转化的标准。因此,这种说法包含着食古不化的倾向。尤其是在现代性的背景下,所谓的创造往往被理解为与众不同。那么,在满街都是西装的情况下,身着长袍逛淮海路也是某种创造,而且十之八九会被归入行为艺术。众所周知,艺术几乎就是创造的代名词。窃以为,在这个问题上,张岱年、方克立等先生提出的"综合创新论"是一条正确的必由之路。这些,从王东的专著《五四精神新论》中可以看出。事实上,王东所主张的就是"综合创新论"。

既然最终目的是这个,那么在论述上似乎不一定非要采取从判断五四运动有没有提出"打倒孔家店"的口号这个问题入手不可的策略。王东的基本观点是,"'打倒孔家店'不是五四运动的口号,根本否定中华民族文化的激进主义、虚无主义不是五四运动主流,更不是五四精神实质。"[1]里面其实分为两层意思。一层意思是"打倒孔家店"不是五四运动的口号,涉及五四运动的口号问题,这本质上是一个历史事实问题,通过大量的、系统的研究是可以得到真相的。另一层意思则是对五四运动的精神实质作出判断,它本质上是一个价值问题。两层意思之间并不存在必然的关系。也就是说,即便五四运

---

[1] 《"打倒孔家店"不是五四运动的口号》,《世界博览》2009年第10期。

动确实提出了"打倒孔家店"的口号,也无碍于其在精神实质上不是虚无主义、激进主义的;反之亦然。

为什么必须对新文化运动的精神实质作出重新判断? 一个原因就在于,新世纪以来,很多文化保守主义者将传统文化的衰落完全归罪于新文化运动的批评、反对,而没有看到新文化运动未必全然是反传统的,也未必全然是主张"全盘西化"的。它的精神实质可以是"综合创新论"。传统文化已经经过洗礼被容纳到新文化的发展之中。

第四节　诘　墨　家

一、"墨家店"卖的可能是什么?
　　——郭沫若的启发

2016年1月23日澎湃新闻发表黄蕉风文章《以"墨家店"取代"孔家店"? 胡适、梁启超为何弘扬墨学》,[①]由于黄蕉风是新世纪以来炙手可热的"新墨家"的代表人物,因此,该文应该予以高度重视。我们读后颇受启发,然而也有一点疑惑:今日我们对待国学态度更加开放,"孔家店"里卖的恐

[①] 黄蕉风:《以"墨家店"取代"孔家店"? 胡适、梁启超为何弘扬墨学》,澎湃新闻:http://www.thepaper.cn/newsDetail_forward_1421804。

怕并非毫无价值的千年陈货;与之相对应,逆向思维,"墨家店"里卖的,是否就完全是好东西? 或许这是见仁见智的问题。

事实上,黄蕉风也在文章中提到,民国时期,李季、郭沫若等人已经对墨学展开了批评。但方授楚也作出了反驳:"李季、郭沫若的说法,方授楚据史料驳之甚详。秦末农民起义,墨家未见热烈参与;倒是暴秦统治,反有拥护的嫌疑,因此不能说'革命的';同时若曰墨家敌不过历史进化的规律,何以其不亡于庄孟荀韩百家争鸣之时,而亡于儒家取得'一教独尊'的地位之后。方授楚谓郭沫若斯论乃落井下石,墨家诚非因'反革命'而亡矣。须知历史留下的不尽都是精华,历史淘汰的不尽都是糟粕。"[①]显然,解释的着力点在墨学衰亡的原因的探讨上,而没有深入涉及"墨家店"可能卖的是什么? 当然,在此其实也多多少少透露出一点端倪:"墨家店"里面卖的,可能是"反革命"的货色。

在"告别革命"的说法已经成为陈词滥调的今天,"反革命"之类的说法不再是致命的标签,而是某种便于读者认识的符号。它的实质是说,当时农民起义中,墨家没有参与多少;反而积极地加入了暴秦的统治中,为虎作伥。事实上,这个观点也为郭沫若所主张。郭沫若有一个更加一般化的说法:墨

---

① 黄蕉风:《以"墨家店"取代"孔家店"? 胡适、梁启超为何弘扬墨学》,澎湃新闻:http://www.thepaper.cn/newsDetail_forward_1421804。

子反民主、反自由,是"为王公大人"的;而墨学在任侠精神、逻辑学、科学技术等方面的主张也是可疑的。

(一)"墨家店"卖的是民主还是专制?

众所周知,墨学在近代有一个复兴。其指向是多方面的,其中之一就是认为墨学中充满了民主自由的气息,如梁启超所作的诠释。郭沫若却一反常见,坚决认定墨学是为王公大人说话的,是反自由、非民主的。他明确说,墨学"不许你有思想的自由,言论的自由,甚至行动的自由"。[①]

郭沫若认为,墨学思想的核心是"天志"。没有"天志"的思想,墨子也就不成其为墨子。正是"天志"观念暴露了墨子的阶级属性:他本质上是大奴隶主的思想代表。郭沫若指出:"天老爷的存在是地上王的投影。大奴隶主成为地上的统治者,发挥着无上的王权,他为巩固这王权,使它成为'它布',让人不敢侵犯,除掉有形的赏罚以支配人的肉体之外,还要造出无形的赏罚来支配人的精神。因而利用人民的愚昧,便把由奴隶造成的人世的金字塔,化而为由鬼神造成的天界的金字塔。"[②]

郭沫若认为,由于奴隶主以及王公大人正是"天志"及其鬼神秩序在人间的代理,因此,服从他们也就是服从"天志"。由此出发,便产生了墨子的"尚同"思想。所谓"尚同",就是与

---

① 郭沫若:《青铜时代》,中国人民大学出版社2005年版,第120页。
② 郭沫若:《十批判书》,东方出版中心1996年版,第97页。

第一章　时代与思绪：国学、儒学与墨学

在上的统治者的思想保持高度一致，唯命是从。在"尚同"的思想之下，人民大众的思想自由、言论自由等都被剥夺。而"尚同"的目的，就在于维护原来的社会秩序。郭沫若认为，墨子是"承认着旧有的一切阶层秩序，而在替统治者画治安策的呀。上下、贵贱、贫富、众寡、强弱、智愚等一切对立都是被承认着，而在这些对立下边施行他的说教。"①

有人指出，墨子所主张的"兼爱"说和"非攻"论证表明墨学是尊重人的，"节用""节葬"等理论也是在为老百姓考虑。郭沫若对此进行了全面的反驳。

郭沫若指出，"兼爱"的重心在财产不在人，它要求爱的不是人而是财产。"墨子是把财产私有权视得特别神圣的。人民，在他的观念中，依然是旧时代的奴隶，所有物，也就是一种财产。故他的劝人爱人，是等于劝人之爱牛马。"②郭沫若还指出，墨子主张奴隶陪葬，这是对人性最大的践踏。相反，孔子则严厉反对以人陪葬，甚至反对以人形之"俑"陪葬，孔子诅咒道："始作俑者，其无后乎！"近乎骂人断子绝孙，从中可见孔子的态度。

郭沫若继而指出，"在本质上，'非攻'也依然是对于所有权的尊重。"③因为所有权需要彼此尊重，如果不主张兼爱，那

---

① 郭沫若：《青铜时代》，中国人民大学出版社2005年版，第120页。
② 郭沫若：《十批判书》，东方出版中心1996年版，第103页。
③ 郭沫若：《十批判书》，东方出版中心1996年版，第104页。

么,就会互相攻击,导致财产的损失。因此,尊重私有财产权并保卫私有财产权"是兼爱与非攻说的核心"。"故他的这一套学说不重在爱人,而是重在利己,不是由人道主义的演绎,而是向法治刑政的归纳。"[1]需要进一步说明的是,郭沫若在两层含义上来理解"兼爱":一层是统治者对于被统治者要爱,因为他们实质上是统治者的财产;另外一层,统治者之间要爱,因为这是为了保障、尊重各自的私有财产。"非攻说"是在第二个层面上产生的。

至于"节用"和"节葬",表面上是要求统治者多多考虑黎民百姓,不要穷奢极侈。但是,郭沫若指出,如果统治者真的为人民考虑,那么一国的积蓄全部用在人民身上都嫌不够,哪里会担心有所浪费:"真正革命的主张……并不是要王公大人客气一点,也来过过平民的生活,而是要把平民的生活提高起来,使平民同等的得到王公大人们般的享受。"[2]

墨子的思想中最为一般研究者所称道的是他和民约论(民主论)相关的思想。这在梁启超那里表现得最为典型。他们的立论主要建筑在墨子以下段落上:"古者民始生未有刑政之时……天下之乱,若禽兽然。夫明乎天下之所以乱者生于无政长,是故选天下之贤可者,立以为天子。"(《墨子·尚同上》)在民约者看来,"明"的主语和"选"的主动者都是人民,意

---

[1] 郭沫若:《十批判书》,东方出版中心1996年版,第105页。
[2] 郭沫若:《青铜时代》,中国人民大学出版社2005年版,第123页。

思是人民群众为了克服混乱的状态,自己协商,选出贤能的统治者来。所以这段话表示了墨子的民约论思想。但是,郭沫若认为,这种诠释根据不足;事实上,在《尚同下》中明确指出这段话的主语是"天":"古者天之始生民未有正长也……是故选择贤者立为天子。"(《墨子·尚同上》)这分明还是传统的将一切权威付之于天的做法,也和墨子对"天志"的强调相一致。所以,墨子并没有主张民约论。郭沫若认为,墨子主张的仍是王位世袭制。

郭沫若对墨子作出如上和一般观点大相径庭的评论,除了他对文本的仔细梳理、对古文字的精深的功底,以及以考古发掘作为辅助之外,从社会史的层面进行辅助论证也是重要方法之一。他通过考证发现,墨子主张以奴隶陪葬。同时,墨子学派的后学孟胜站在统治者的立场绞杀了代表新兴势力的吴起。而在著名的陈胜吴广起义中,并无一个墨者参加。通常为人所称道的所谓墨者富有任侠精神也只是一个美丽的误会。墨者自墨者,任侠自任侠。事实上,儒家中倒出了不少任侠者。也许可以作为辅助说明的是,最后一个古文经学大师章太炎也认为,任侠精神是儒家《儒行》这篇文章所主张的。

(二)"墨家店"卖科学与逻辑吗?

墨学在近现代的复兴还指向了逻辑思想、科学等,郭沫若也对此一一批驳。

很多人以为，墨学中的"三表法"是中国古代逻辑发展的奇葩。"何谓三表？子墨子言曰：有本之者，有原之者，有用之者。于何本之？上本之于古者圣王之事。于何原之？下原察百姓耳目之实。于何用之？发以为刑政，观其中国家百姓人民之利。此所谓言有三表也。"（《墨子·非命上》）有的研究者认为，"三表法"是最科学的方法，它有本有原，把经验、实践当成了真理的标准。

郭沫若却一反常见，指出："可惜这个步骤是由上而下的演绎，而不是由下而上的归纳。他那'一本'，根本就是问题。"[①]郭沫若认为，所谓的"圣王之事"本质上是一些奴隶制时代的陈旧历史，它们是渺茫不足为凭的，将之作为论证的出发点最不科学。而所谓的"察百姓耳目之实"很多时候是将错觉、幻觉也当作正确的经验，比如，墨子证明鬼神之有就是借助于有的百姓见到过鬼神。"发以为刑政"似乎没有问题，但是，郭沫若质问：所谓的"国家百姓人民之利"究竟是谁的国家？

显然，郭沫若在对"三表法"的批驳之中采用了一般的逻辑分析法。在归纳法和演绎法两种常用的逻辑方法之中，根据演绎法推理，所得之结果当然是必然的，但是，条件是其大前提必须正确无误。郭沫若指出"古者圣王之事"早已渺不可

[①] 郭沫若：《十批判书》，东方出版中心1996年版，第111页。

信,实则指出了这个大前提是不足为凭的。

值得注意的是,郭沫若的批驳还贯彻了社会史还原法。由于他坚持把中国历史的发展划分为五阶段,所以,"古者圣王之事"实际上发生在远古的奴隶制时代。而坚持人民本位的郭沫若当然不主张历史倒退论。对处于发展过程中的历史时期而言,如何能够以过去时代的事件作为评判标准?至于郭沫若对"国家百姓人民之利"究竟是谁的国家的质问,更是一针见血。由于坚持了阶级分析法,他显然认为这里的国家是奴隶主的国家。因此,是有利于奴隶主的统治,不利于奴隶的自由解放的。

需要说明的是,今日我们或许会感觉后来被滥用了的社会史还原法、阶级分析法有点庸俗,甚至令人反感,但是,首先我们不要忘记郭沫若是较早运用这些方法的,当时这些方法还充满了生命力;其次,通过以上分析,我们不得不承认这些方法在观点的提出及内涵的揭示上的确会给人耳目一新之感,而且,的确也在抽象的义理之外使人明白研究对象的某些实质,从而对于某些主张给予慎重的对待。

郭沫若不仅批驳了墨学中的逻辑思想,他也否定了墨学中为人称道的科学观。很多研究者在复兴墨学中的逻辑方法之外,对其中所提及的众多科学现象情有独钟。郭沫若指出:很多人把墨学中"一些初步的科学现象撷拾一番,尽量地鼓吹夸示,以为是怎样怎样的精深博大。其实那些粗浅的常识,一部分在造字的当时已经是发现了东西，一部分则已经融合于日常生活中而成为了家喻户晓的事，丝毫也不值得夸示"。[1]

考虑到郭沫若在考古学上的深厚修养和杰出成绩，他对墨学中科学现象性质的判断是需要重视的。他认为，墨子本质上是一个宗教家，其思想中充满了非科学的东西。偶尔有些科学的内容，也不能纠正他是非科学的事实。他指出，宗教家为了更加顺利地传播其思想，常常掺杂一些所谓的科学知识。显然，郭沫若的这种分析是从大处着眼，也是运用其社会史还原法的结果。他不仅将墨学中的科学思想和它的其他部分联系起来，而且从其社会现实效果上来考虑问题。相比于那些抓住墨学中关于科学的只言片语而将之无限抬高的做法（比如胡适），郭沫若的立场至少不是毫无见识的。

不能否认，问题的另一面是，郭沫若反对墨学中的科学也似乎走向了另外一个极端。实际上，如果联系中国传统社会中素来科学薄弱的弊病，墨学中的科学即便是常识，是远古的遗留，也是需要珍视的。郭沫若的分析似乎忽略了这个背景。或许，这也是郭沫若过分运用社会史还原法的一个弊端：由论主的阶级性质决定了他所倡导的一切都是不足道的。但无论如何，郭沫若的批评恐怕并非落井下石之举，而

---

[1] 郭沫若：《青铜时代》，中国人民大学出版社2005年版，第119页。

是需要认真对待的。更加重要的是,至少郭沫若的研究从一个角度提醒我们:"墨家店"里卖的可能还有危险品,绝非完全是良药。

二、工匠精神岂是墨家独有?

2016年以来,李克强总理提倡要培养、发扬"工匠精神",引起社会上下一片积极反响。澎湃新闻迅即发表"新墨家"代表人物黄蕉风的文章,指出中国古代就有"工匠精神",它表现在墨家思想中,是通常所谓的中立性的、工具性的技术与人道主义的结合。[①]

黄蕉风近年来主张"新墨学",有意接续近代以来梁启超、胡适等人对墨学的挖掘和发扬,在现代性背景下,重建"大乘墨学"。从他的立场出发,自然大力主张先秦墨家中就有了"工匠精神"。这样并不奇怪,反而令人感觉作者思维敏锐,观点独到,能够应机而发。

然而,疑问还是有的:究竟什么是"工匠精神"? 在中国古代,除了墨家之外,还有没有其他学派也具有"工匠精神"? 这些问题才是重要的,也是我准备提出的第二系列的疑问。

窃以为,即便在《庄子》中,也是具有"工匠精神"的。之所以说是"即便",因为,一般我们把《庄子》看作是主张"技进于

---

① 黄蕉风:《什么是"工匠精神"? 鲁班的技艺加上墨子的人道关怀》,澎湃新闻:http://www.thepaper.cn/newsDetail_forward_1464466。

道"的典范,也就是说,《庄子》认为,我们当然需要掌握熟练的技术,但是,更加重要的是,我们应该从技术的层面提升到道的层面,在技术中发现宇宙和人生的根本道理。同时,我们也不否认《庄子》明确表示"有机事者必有机心",一定程度上对"工匠精神"造成了损害。

何谓"有机事者必有机心"?《庄子·天地》里面说:

> 子贡南游于楚,反于晋,过汉阴,见一丈人方将为圃畦,凿隧而入井,抱瓮而出灌,搰搰然用力甚多而见功寡。子贡曰:"有械于此,一日浸百畦,用力甚寡而见功多,夫子不欲乎?"
>
> 为圃者仰而视之曰:"奈何?"
>
> 曰:"凿木为机,后重前轻,挈水若抽,数如泆汤,其名为槔。"
>
> 为圃者忿然作色而笑曰:"吾闻之吾师,有机械者必有机事,有机事者必有机心。机心存于胸中则纯白不备。纯白不备则神生不定,神生不定者,道之所不载也。吾非不知,羞而不为也。"

这个故事的基本意思是,子贡看见有一个老头子在田间浇水,要从井里挑水,再浇到田中,十分劳累,但收效甚微。于是他提出一个办法:使用浇水的机械,就能够事半功倍。不料老农勃然作色。他说,我并不是不知道可以使用浇水的机械实现浇水的目的,但是,一旦使用了机械,我内心就不纯洁了。我担心会把这种不纯洁带到其他事情上去。

问题在于,为什么说这个故事是对"工匠精神"的损害?事实上,从某种角度看,"老丈人"也是在实践"工匠精神",但是,由于他的狭隘理解,他的实践大打折扣。

注意,至少就故事本身而言,"老丈人"的主业是种地,而不是挖井。也就是说,就其本人而言,他认为辛辛苦苦地挑水浇地就是在认真地种地,就是在实现"工匠精神",当然,严格地说,在此"工匠精神"表现为"农民精神",不过,如果我们把"工匠"做广义的理解,那就会发现"老丈人"的种地本质上也是实践"工匠精神"的表现。他专注地种着地,而不关心、不研究与种地主题无关的领域,从某种角度看,不正是"工匠精神"("农民精神")的上佳体现吗?

问题在于,"工匠精神"的实现需要两个辅助:一个辅助与科学精神相关,也就是正确理解本行当的所有知识。其实这个辅助我们已经耳熟能详:马克思主义告诉我们,人们只有正确认识世界,才能有效改变世界。如果说有效改变世界也是"工匠精神"的一种体现的话,那么,它的前提就是掌握真理。从这个角度看,"老丈人"执着于种地本身,忽略了更好的种地方式的研究、引进,显然是将"工匠精神"狭隘化了。(另一个辅助与政治哲学相关,下文再说。)

上文说了这么多,似乎在否定中国传统思想中除了墨学还有其他思想资源也是具有"工匠精神"的。不过,以上讨论至少说清楚了"工匠精神"需要什么样的辅助才能实现。而这种思想在《庄子·养生主》"庖丁解牛"的故事中获得了正面的说明。故事是这样的:

> 庖丁为文惠君解牛,手之所触,肩之所倚,足之所履,膝之所踦,砉然向然,奏刀騞然,莫不中音。合于《桑林》之舞,乃中《经首》之会。
>
> 文惠君曰:"嘻,善哉!技盖至此乎?"
>
> 庖丁释刀对曰:"臣之所好者,道也,进乎技矣。始臣之解牛之时,所见无非牛者。三年之后,未尝见全牛也。方今之时,臣以神遇而不以目视,官知止而神欲行。依乎天理,批大郤,导大窾,因其固然,技经肯綮之未尝,而况大軱乎!良庖岁更刀,割也;族庖月更刀,折也。今臣之刀十九年矣,所解数千牛矣,而刀刃若新发于硎。彼节者有间,而刀刃者无厚;以无厚入有间,恢恢乎其于游刃必有余地矣,是以十九年而刀刃若新发于硎。虽然,每至于族,吾见其难为,怵然为戒,视为止,行为迟。动刀甚微,謋然已解,如土委地。提刀而立,为之四顾,为之踌躇满志,善刀而藏之。"
>
> 文惠君曰:"善哉!吾闻庖丁之言,得养生焉。"

意思是，庖丁通过长期的宰牛实践，全身心投入，终于掌握了宰牛的原理、技术，所以一方面宰牛十九年而刀像新的一样；另一方面，他也通过宰牛感受到了劳动的愉悦，并且让文惠君获得启发，体会了养生之道。

正是在这个故事中，"工匠精神"获得了充分的说明，虽然仍然留有一个瑕疵需要我们后人改进。注意，这里面有两个问题需要说明：第一，庖丁通过长期实践才完全掌握宰牛的本领，这就意味着他是通过正确认识这个世界才成功改变这个世界的。第二，也是与《庄子》哲学的总体构思相联系，庖丁一方面宰了牛，但是，更加重要的是另一方面：他的宰牛不仅仅是宰牛，获得了牛肉，而且，他也从中感受到了得道的愉悦："提刀而立，为之四顾，为之踌躇满志。"这正是对得道状态的描述。如果与我们在此讨论的"工匠精神"结合起来，意思是，所谓的"工匠精神"不仅仅是主张劳动者全身心地投入到工作中去，而且，要让劳动者在劳动中获得愉悦、自由的感觉，而不是被剥削、被压迫的体验。

话说到这里，就涉及"工匠精神"实现所需要的第二个辅助：公平正义的环境。

让我们假设一下，如果有一天庖丁突然询问：我为什么要给文惠君杀牛？我杀了牛之后有什么报酬？如果没有，为什么？如果有，又是多少？为什么是这样一个数额的报酬？谁定的？等等。一旦这些问题涌上庖丁的心头，他就会发现自己也许只是一个奴隶,也许具有宰牛的权利和能力,但所得远远少于自己付出的……请问,在这种情况下,他还可能"踌躇满志"吗？我的答案是否定的、消极的。在实践"工匠精神"的过程中,投入工作者如果发现自己的实际收获不如投机钻营、远离"工匠精神"者,最后产生鲁迅所说的"做戏的虚无党"。事实上,中国近现代革命过程中的工农代表不正是庖丁的后代吗？他们意识到了自己的权利。

而实现"工匠精神"的这第二个辅助,在《庄子》那里显然没有获得解决。事实上,《庄子》本人正是有见于"窃钩者诛,窃国者侯",并不认为存在公平正义的社会环境,于是索性采取消极遁世的态度,在精神领域追求逍遥。进入中国近现代史以来,严复、谭嗣同将《庄子》的"在宥"解读为"自由",章太炎在其"一字千金"的《齐物论释》中认为《庄子》讲自由平等讲得最好,一定程度上看到了庖丁解牛要想真正实现得道之境,必须引进政治哲学的思想。但严复、谭嗣同、章太炎的解读也只是昙花一现。[1]

简而言之,在中国传统文化中,除了墨学,也存在其他包含着"工匠精神"的思想流派,《庄子》就是其中一个。但是,正如墨学没有完全解释清楚何谓"工匠精神"一样,《庄子》的解读也是既有启发性,又包含着需要我们后来者进一步发展的

---

[1] 参蔡志栋:《马克思主义视野下的逍遥游》,《人文杂志》2012年第2期。

空间。说古人那里就有一切,那与其说是尊重古人,尊重我们的传统文化,不如说是"捧杀",也把我们活着的人看得太不值钱,而被抹杀主体性的我们又如何能够承担、实现"工匠精神"?由此,我们的最大意图恐怕并非主张中国传统文化中就有充足的"工匠精神",而是借助于《庄子》告诉人们,如何才能实现"工匠精神"。

第二章 论中国民族主义

第一节 新世纪以来中国民族主义的历程及其反思

20世纪已经过去,21世纪已经来临。在过去的20世纪中,在中国古老的土地上,各种社会思潮风起云涌,但是,据说,民族主义始终是其底色。这个观点也为我所接受。21世纪,民族主义是否还占据如此显要但却隐而不彰的地位?值得思考。但保守地说,至少中国的民族主义是值得单独予以探讨的。

一、民族主义概念初探

首先必须正名。所谓"名不正则言不顺"。这不仅是孔夫子的老古话,而且,也是学术的规范。可是,在阅读、翻检了那么多的关于民族主义的书籍之后,对于"民族主义"这个概念,

第二章 论中国民族主义

我越来越糊涂了。

我反对大民族主义、小民族主义之类的界定或者说法。因为这种说法还是令人一头雾水。论者似乎在说,大民族主义指的是包容性甚强的民族主义,小民族主义指的是缺乏包容性、唯我独尊的民族主义。可是,什么是民族主义呢?在这种说法中,它还是没有得到界定。

当然,关于民族主义的界定,学界已经有很多种版本。现在,我所接受的是如下对民族主义的分法:

(一) 种族主义,这是一种前现代的民族主义;

(二) 文化民族主义;

(三) 政治民族主义,或者说公民民族主义。

后两者尤其重要。它们不仅使得我们对民族主义的讨论现代化了,更加重要的是,使得民族主义真正与"国家"(state)衔接起来了,也就是赋予了民族主义以平等、自由、民主、正义、权利等各方面的内涵。

民族主义当然也包括了情绪性的东西。或许,正是因为这点,我们能够理解研究民族主义的大家格里菲尔德(Liah Greenfeld)教授居然将其"民族主义三部曲"之第三部和精神病等心理学的课题结合了起来。[1] 我相信这是一个值得深入

---

[1] Greenfeld 教授的新作名叫 *Mind, Modernity, Madness: The Impact of Culture on Human Experience*, 2013 年 4 月由哈佛大学出版社出版。前两本分别是《民族主义:走向现代性的五条道路》和《资本主义精神:民族主义与经济增长》,有中译本。

探讨的方面。不过,据说现代性的实质是理性化,也就是说,即便——或者说正是因为——民族主义是和情绪密切相关的,我们也要将之规范化。但是这种想法究竟正确吗?也许人类的非理性是值得倚重的?这一切都需要反思。行文至此,或许我不得不说,到目前为止,关于民族主义是什么,正如世界上有很多民族一样,也是众说纷纭的,多样化的。我们只能暂且借助于这个符号,对某些现象作出勾勒和反思。

二、事件・媒介・思潮

21世纪已过去十多年。在这十多年里面,从民族主义的角度看,发生了什么?我的概括以事件、媒介、思潮为中心,尽量以时间为线索排列。

(一)"9・11"事件中的中国民族主义

注意,我并不一般地讨论"9・11"事件所反映出来的民族主义,而是其中透露出的中国的民族主义。"9・11"事件发生时,我正在读硕士研究生。当时网络视频还没有盛行,电视在研究生宿舍也是稀罕之物。当我们看见一架飞机撞向美国世贸大厦双子塔,我们都认为这是在拍电影。都不信。但慢慢地,那个晚上,我们觉得是真实的。很多人当时的反应就是——"活该!"事实上,检索当时刚刚兴起的互联网上的各大论坛的帖子,这个词,这种态度,出现颇多。现在看来,值得检讨和反思。可是,恰恰是这种当下的直接反应值得重视。怎么会这样？因为美国做世界警察做惯了，现在有人敢于撸虎须，教人心爽。就像一个总是欺负人的壮汉被人揍了一样，道理相似。

我相信有这样反应的人不在少数。在这个时刻，我们的民族主义情绪得到了释放，但它显然不是理性的。我们似乎认为，美国人因为和我们中国人在肤色、语言上是不同的，所以他们是另一种人，所以他们遭受痛苦是活该，我们则是在看西洋镜。但，很快，我们明白"9·11"事件意味着什么：恐怖主义正式登上了历史舞台。无论如何，这个事件中，恐怖分子对于生命的漠视、对于现代政治体制的否认都令人愤慨。

所以，有的学者认为，21世纪不是从2000年开始，也不是从2001年元旦或者2000年圣诞开始或者2001年春节开始，而是从9月11日开始的，有其道理。[①]

（二）2012年保钓事件中所见中国民族主义的成色

这次，不是美国，不在别土，而是中国和日本，就在中国。但是，如果说在事件的演变过程中，没有激烈的行为，那是错的。我们记忆犹新的是，当时有一位西安的日系车车主被砸破了脑袋。凶手随后被迅速缉拿归案。这说明了什么？撇开很多因素，从民族主义的角度看，表明我们的国家其实是十分理性的。但是，我们的部分民众呢？如果是这样，民族主义本

---

① 当然对于新世纪从什么时候开始，我们有自己的判定，参见本书导论。

身还是一股可怕的力量。

部分民众缺乏理性。那个凶手据说人生十分失败。但是,为什么他能够在民族主义盛行的那天赤膊上阵?是什么给了他胆量,使其以为翻身做主人的时机到了?这样的民族主义还是非理性的,和恐怖主义究竟有多少区别,值得怀疑。可笑的是,"9·11"恐怖主义是本·拉登发动的,至少还是对外的,他则是对内的。一辆日系车,成为区分爱国或叛国的符号。这样的民族主义,已经承载了过多的内容,其困境的解决,绝非澄清民族主义的概念所能做到,它需要整个社会的改革。

保钓事件中的民族主义,涉及方面极多。其中一个方面是经济。在全球化的现实结构中,拒斥日货是好是坏很难说。但我们看到了民族主义在经济方面的表现。

全面解读尚需时日。初步的结论是,从"9·11"到2012年,11年过去了,我们的民族主义之成色似乎依旧:情绪性过浓,对民族主义的理性的内涵还缺乏足够了解,对于民众而言,尤其如此。①

(三) 网络民族主义

不知道什么时候网络成为了人们的第二现实。网络的好处不必我多说。民族主义也借助于网络而得以展开。我们看

---

① 之所以这么说,因为对于学者而言,此间已有学者从理性的角度解读民族主义,这点本部分下文也会涉及。

到在爱国的名义下的黑客攻击。但我们更多看到的是,人们借助于网络表达自己,包括自己的民族主义立场。那么,网络民族主义和现实民族主义相比,有什么特征?

第一,我们看到了更多的民族主义声音。在现实中,由于表达渠道的限制,民族主义的声音被压制住,但是,网络打开了另一个天地。这是和网络的开放性结合在一起的。

第二,在网络的环境下,民族主义更易形成声势。人们在网上忽然发现原来自己的同伴很多。孤独创造思想家,但事实上,喧闹更加培养思想家。人性如此。而且,在频繁、及时的互动之中,民族主义得到了深化。

但是,第三,网络民族主义恐怕并不因为改变了表达途径而显出新的境界。甚至因为大众心理的存在,更加容易一窝蜂。"帝吧出征,寸草不生"是一句时代名言,但后面有人加上了另一句话:"脑残不死,圣战不止。"从某种角度揭示了网络民族主义容易陷入疯狂的一面。

(四)从出版的角度看

大量的民族主义方面的著作得以出版,包括翻译的和本土创作的。在这方面,利用亚马逊网、当当网和各大图书馆的藏书书目,很容易做一个书目。前所未有地多。黑格尔说:"密涅瓦的猫头鹰黄昏时才起飞。"意思是哲学总是滞后的,总要等到历史发展完成之后,再进行反思。民族主义也是。那么,这种出版上的繁荣究竟是"事后诸葛亮"还是未卜先知?

下文所说的自由主义的民族主义书籍,从一个角度反映了相关资料出版的昌盛。

(五) 民族主义和自由主义联姻的尝试

著名自由主义思想家伯林的高足塔米尔(Tamir)出版了《自由主义的民族主义》,[①]试图将桀骜不驯的民族主义规范到自由主义的框架中去。无独有偶,当代中国自由主义的代表人物之一许纪霖也关注起了民族主义的问题。在他看来,原先所谓的自由主义的代表人物比如梁启超、张君劢等富含民族主义的思想,而且,因为他们本质上是自由主义,所以,早在20世纪的民国时期,我们的前辈已经对民族主义这头猛兽戴上了辔头。只是,现在我们需要重新找出这副辔头。[②] 国外还有金里卡等人也进行了相关的探索。其文献也已经译成中文。哈贝马斯等人也是热衷于讨论这个问题。[③]

不少国内学者继续推进着中国现代思想史上民族主义和自由主义相结合的研究。许章润出版于2008年的书籍《民族主义与国家构建》[④]强调现代民族国家是一个法律共同体,超

[①] [以] 塔米尔著,陶东风译:《自由主义的民族主义》,上海译文出版社2005年版。此书2017年由上海社会科学院出版社推出新译本。
[②] 参见许纪霖的系列研究论文,它们构成了高瑞泉主编的《中国近代社会思潮》第十章"在现代性和民族性之间——民族主义思潮",上海人民出版社2007年版,第314—376页。
[③] 参见[加] 威尔·金里卡著,邓红风译:《少数的权利 民族主义、多元文化主义和公民》,上海译文出版社2005年版。[德] 尤尔根·哈贝马斯著,曹卫东译:《后民族结构》,上海人民出版社2002年版。
[④] 许章润:《民族主义与国家构建》,法律出版社2008年版。

第二章 论中国民族主义

越了单纯的血统、文化视角,具有自由主义的意味。翁贺凯则具体以张君劢为代表写作了《现代中国的自由民族主义》。[①] 暨爱民的观点更具广泛性,他认为中国现代思想史上的自由主义普遍具有民族主义思想,撰写了《自由对国家的叙述:近代中国自由民族主义思想研究》[②]一书。2018年,张睦楚出版了专著《民族意识与自由主义的双重变奏》,[③] 剖析了民国时期留美学生中的民族主义与自由主义两种倾向及互动。实际上意味着主张自由主义和民族主义的积极关系不仅仅是精英学者的观点,而是更具一般性,某种程度上成为了"常识"。

这种将自由主义和民族主义联系起来的倾向是值得重视的。问题在于,既然有自由主义的民族主义,那么能不能有社会主义的民族主义?问题的核心不在它们应该冠以什么样的名称。要点在于,我们对于民族主义的内核应该赋予什么内涵?是用自由主义的原则来规范,还是用社会主义的原则来阐释?或者其他?对此,我们将在本章的其后内容中予以回答和展开。简而言之,我们认为可以主张一种现代政治的民族主义,而现代政治绝不仅仅为自由主义所表达。

---

① 翁贺凯:《现代中国的自由民族主义》,法律出版社2010年版。
② 暨爱民:《自由对国家的叙述:近代中国自由民族主义思想研究》,湖南人民出版社2009年版。
③ 张睦楚:《民族意识与自由主义的双重变奏》,社会科学文献出版社2018年版。

(六)少数民族与现代性

这个小标题有点拗口。解释一下：它说的是从少数民族的角度看，民族主义意味着什么。毋庸置疑，我们现在的研究某种意义上是从汉族的角度入手的，可是，最近几年来，"藏独""疆独"问题十分突出。他们有很多原因。从民族主义的角度看，是否意味着我们应该采取更加现代的观念，以便将它们也包括进"中国"？这个问题其实涉及民族主义的现代性问题。如果仅仅从血统、文化等角度考虑民族主义问题，有的时候我们很难回应民族分裂主义的挑战。一种现代政治的民族主义势在必行。换而言之，将少数民族考虑进来，一方面使得民族主义的问题复杂化了；另一方面，反而在要求提倡现代的民族主义，以具有政治、法律意义的 nation 应对 ethnicity，后者严格的翻译应该是族裔，而不是民族，否则容易和中华民族（nation）层面上的民族混淆起来。建立在威斯特伐利亚体系上的"一个民族一个国家"的原则并不适用于中华民族视域内的少数民族。因为"一个民族一个国家"意义上的民族指的是 nation，而少数民族的民族是 ethnicity。

(七)文化保守主义与民族主义

一边是自由主义试图和民族主义联姻，甚至当作自己唯一而合法的"爱人"；一边是文化保守主义再一次的从文化的角度入手，强调中国传统文化的重要性，甚至试图从中发展出一套规范现代世道人心的规矩来。文化保守主义今日以当代新儒家为代表。他们不仅在文化上有所主张,而且在政治哲学也有所致意。这就导致,一方面他们的确对文化民族主义有所贡献;另一方面,在政治民族主义上试图和自由主义、社会主义三分天下。

近几年来国学热一热再热,甚至被提上议程讨论是否列为一级学科。这背后的民族主义的背景值得重视。

可是,"中国"的确需要文化的符号,这个符号必须来自传统吗?如果是的话,三寸金莲也要吗?女权主义者会同意吗?也就是说,如何创造现代中国的文化认同(此即文化民族主义的实质),而不是沉湎于传统的文化认同,是一个很重要的问题。[1]

(八) 宗教与民族主义

分为三大块:基督教和中国民族主义,佛教和中国民族主义,儒教和中国民族主义。由于儒教是不是宗教还存在争论,而且我把它放在文化保守主义的范畴内来加以讨论。

2010年山东曲阜大教堂事件。从中可以看出儒学和基督教的冲突始终存在,在新世纪,由于开放程度进一步加深,经济能力进一步增强,传播途径进一步多元化、现代化,这种冲突越演越烈。这种冲突,具有民族主义的意义。但是,基督教本身一直在讨论本土化问题。这十几年来,召开很多会议,

---

[1] 这方面也出版了一些书,有的书具有自我反思功能,如康晓光:《中国归来——当代中国大陆文化民族主义运动研究》,新加坡,2008年出版。

发表了很多著述,对此展开讨论。在宗教的层面上,基督教乃至一般性的宗教,主要和人的精神世界相关。也就是说,至少它们关涉到民族的组成分子国民的素质的问题;进一步,它们关涉到民族主义意识的塑造。同时,或许很有意思的一点是,基督教对普遍性问题很有探讨。所以,在这个论域中,也涉及民族主义和世界主义的关系的问题。

(九)从《中国可以说不》到《中国不高兴》

两本书都热销了。《中国可以说不》出版时,我还是一个大学生,上国际关系史课程的老师说,内容上出现了很多硬伤。可是,即便有硬伤,为何还是热销?差不多十年之后,《中国不高兴》出版,依然热销。这些出版物从一个侧面见证了中国民族主义的昌盛。

第二节 民族主义:新时代凝聚人心的底线?

新世纪以来,中国大地上思潮汹涌。这些情况表明,中国思想界及其背后的实际存在——中国各界——存在某种分裂。但种种迹象表明,民族主义成为分裂的各界的共识。问题的严峻性在于,什么是民族主义?其内涵是什么?对此,分歧依然存在。中国思想发展的共同底线何在,成为了万众瞩

第二章 论中国民族主义

目的一个问题。以下讨论主要围绕三个问题而展开：一、各界的分裂；二、民族主义作为底线及其争议；三、发展之路在何方？

一、各界的分裂

首先要从中国化马克思主义的立场说起。虽然有一些学者认为，邓小平时代和毛泽东时代之间存在着一定程度的断裂，但是，在十一届三中全会所作的决议中，毛泽东有过亦有功。[①] 换而言之，邓小平始终没有完全否定毛泽东。改革开放在经济模式上逐渐与毛泽东时代的计划经济背离，但在政治立场上，始终没有改变。其后江泽民、胡锦涛、习近平等领

---

① 《中国共产党第十一届中央委员会第三次全体会议公报》中指出，"会议着重指出：毛泽东同志在长期革命斗争中立下的伟大功勋是不可磨灭的。如果没有他的卓越领导，没有毛泽东思想，中国革命有极大的可能到现在还没有胜利，那样中国人民就还处在帝国主义、封建主义、官僚资本主义的反动统治之下，我们党就还在黑暗中苦斗。毛泽东同志是伟大的马克思主义者。他对于包括自己在内的任何人，始终坚持一分为二的科学态度。要求一个革命领袖没有缺点、错误，那不是马克思主义，也不符合毛泽东同志历来对自己的评价。党中央在理论战线上的崇高任务，就是领导、教育全党和全国人民历史地、科学地认识毛泽东同志的伟大功绩，完整地、准确地掌握毛泽东思想的科学体系，把马列主义、毛泽东思想的普遍原理同社会主义现代化建设的具体实践结合起来，并在新的历史条件下加以发展。

"全会认为，对于文化大革命，也应当历史地、科学地、实事求是地去看待它。毛泽东同志发动这样一场大革命，主要是鉴于苏联变修，从反修防修出发的。至于实际过程中发生的缺点、错误，适当的时候作为经验教训加以总结，统一全党和全国人民的认识，是必要的，但是不应匆忙地进行。这既不影响我们实事求是地解决历史上的一切遗留问题，"《十一届三中全会以来历次党代会、中央全会报告　公报　决议　决定》（上册），本书编写组编，中国方正出版社 2008 年版，第 18 页。

137

导人都在某些特殊的场合、时机对毛泽东表示敬意,其实还是延续了传统。中国化马克思主义的官方立场是一致而明确的。这种明确性还表现在对经济工作的进一步推进上,这点在十八大之后的各个改革措施上显而易见。正是有鉴于此,新权威主义的主张者萧功秦认为,如果说邓小平是新权威主义的 1.0 版本,那么习近平是新权威主义的 2.0 版本,的确是有所见。①

按照某些说法,中国不能放弃毛泽东,因为毛泽东代表了公平、正义,而邓小平代表了自由、效率。在市场经济的高速发展导致了中国贫富差距的扩大已经引起高层担忧的情况下,祭出毛泽东这面旗帜好处众多:这至少表明对于公平的追求始终为国家所肯定和承诺。这是凝聚 60 岁左右的有识之士以及底层民众的一个方法。之所以说是 60 岁左右的有识之士,这个论断来自笔者的生活经验。我身边就有若干在艰苦的环境下自学成才的民间知识分子,60 岁左右,对于毛泽东高度肯定,听说我是学哲学的,就有高涨的热情和我讨论时势问题,并多次表示若干毛主席在会怎么样,对毛主席他老人家充满了敬仰之情。2017 年、2018 年以来,随着微博、微信等新型社交工具的推广,一大批毛泽东拥趸涌现而出,他们中的很大一部分,恰恰是在毛泽东时代成长起来的,目前 60 岁

---

① 参见萧功秦:《中国需要铁腕改革》,http://www.sxrb.com/sxxww/dspd/szpd/bwzt/3358457.shtml。

第二章 论中国民族主义

左右。

而底层民众,虽然是一个游动的概念,但对于公平的向往并不影响其内涵。底层在改革开放中付出了巨大的代价,虽然总体上生活水准上升,但其速度和幅度比不上中层和上层,鉴于对于生活的真实感受和人类的心理,对于公平心向往之。

可见,中国化马克思主义中肯化的做法就是既要坚持经济上的改革开放,又要坚持政治上稳固性。极端左派(如乌有乡网站派别)只要后者,不要前者。极端左派不满,自由派也不满,文化保守主义者也不满。第三者之所以不满,因为无论是在毛泽东时代,还是在改革开放时代的初期,传统文化都受到了严重的损害,虽然表现形式不同。在毛泽东时代,对传统文化是施以"武器的批判"的。在改革开放时代,"武器的批判"被代替以"批判的武器",对传统文化的温情也在上升。然而,在民众的层面,冷漠是主要潮流。直至进入新世纪之后,才有各种形式的"国学热"。[1]

面对这种局面,国家在做出必要的仪式性做法之外,[2] 及时地高举民族主义的旗帜。在这个方面,余英时的认识如果清除其浓厚的意识形态味道,还是独到的。他明确表示,中国化马克思主义在共产主义不再能够统筹全局的情况下,必然

---

[1] 当然,如果我们梳理今日"国学热"兴起的前因后果、蛛丝马迹,也要发现早在1980年代就有了若干端倪。但在改革开放初期,传统文化总体上被挤压是一个事实。
[2] 比如在毛泽东诞辰瞻仰毛主席纪念堂。

主张民族主义。[①] 余英时是在20世纪90年代说出这个观点的。新世纪以来,随着国家财力的雄厚,他的这番话变成了现实。康晓光专门写作了一本书对官方的文化保守主义做法进行了研究,数据翔实,不必我多说。[②] 而孔子学院的全球开花已经引起了所在地的逆向民族主义反应。其实还有很多证据表明中国化马克思主义和民族主义的结合。除了官方色彩极其浓厚、各种政府报告中提及的复兴中华民族的呼吁之外,作为中国国家级别的课题基金——国家哲学社会科学基金项目近年来以传统文化为主题的立项课题占据了很大的数目,也是一个很好的证据。由于科研体制的设计,这种导向在短短几年之内,就引发了全国范围内的科研的偏向。对此,文化保守主义自然表示欢迎。[③]

极端左派也欢迎民族主义。他们对中华民族复兴的观点毫无抵触。从某种角度看,他们以毛泽东为象征符号,原因之一就在于他们认为毛泽东时代中华民族虽然在物质条件上比较艰苦,但在国际地位和形象上,还是强势的。他们认为,毛泽东是一个强硬派,所以谁也不敢欺负我们,这无疑是民族主义的强势表达。

---

① 余英时,收入《民族主义研究文选》。
② 康晓光:《中国归来——当代中国大陆文化民族主义运动研究》,八方文化创作室2008年版。
③ 本部分初稿写于2013年,统稿时间是2018年。短短五年,我们深切地感受到了文化保守主义在全国范围内,从庙堂到民间各个层面的复兴。

第二章　论中国民族主义

中国的自由主义也不敢明目张胆的反对民族主义。只是在一开始,他们认为民族主义是一个巨大而空洞的符号,[1]其后,则试图改变民族主义的气质,或者说,将民族主义的旗帜为其所用,提出了"自由民族主义"的范畴。[2] 然而,他们很快发现自己在民族主义的问题上还是思维狭窄,建树薄弱。当"新左派"的代表人物汪晖推出关于西藏问题的研究小册子[3]之后,有的自由主义者明确表示自由主义失语了,没有对国内紧急问题提出见解。然而,将民族主义自由主义化,而不是根本上舍弃民族主义的概念,这个现象本身就表明自由主义的民族主义化,或者说,民族主义的强大吸引力,令西化严重的自由主义派也必须接受。

二、分裂在延续

然而,为各方所必须接受的民族主义究竟指的是什么?这个问题成为了一个为各方所不能细究但我们必须给予回答的问题。我们可以发现,关于民族主义,各方的理解也存在分歧。换而言之,原本推出的作为底线的民族主义,延续了各方

---

[1] 许纪霖:《中国的民族主义:一个巨大而空洞的符号》,收入乐山主编:《潜流:对狭隘民族主义的批判与反思》,华东师范大学出版社 2004 年版。
[2] 参见许纪霖的系列研究论文,它们构成了高瑞泉主编的《中国近代社会思潮》第十章"在现代性和民族性之间——民族主义思潮",上海人民出版社 2007 年版,第 314—376 页。
[3] 汪晖:《东西之间的"西藏问题"》(外二篇),生活·读书·新知三联书店 2011 年版。

基本立场的差别,它只是在有限的层面上成为了凝聚共识的平台。

先从文化保守主义说起。自然,此派坚决认为民族主义就是对传统文化保持"温情和敬意"。[①] 这就表明,他们将民族主义首先理解为文化民族主义。在这点上,他们和中国化的马克思主义并无冲突。不仅如此,后者借助于前者,传达了对传统文化复兴的努力;前者借助于后者,扩大了声势。双方得益。然而,"文化"本身就是一个复杂的概念。文化保守主义对传统文化的研究渐渐发展为对传统政治文化的主张。蒋庆提出政治儒学,明确构建了一个与现今政治体制迥异的政治结构。单纯从文化民族主义的角度说,似乎也无可厚非;而且,即便从政治民族主义的角度说,也难以展开致命的批评,因为,即便今日民族主义指向民族国家的建构,关于民族国家建构的具体原则,也是多元化的。其基本原则当然是人民主权。但是,现代新儒家热衷于将传统文化中的仁政说、民本论解释为人民主权的原始版本。

文化保守主义在民族主义问题上的另一个缺陷是,他们始终难以在"民族性"和"现代性"之间作出协调。不能认为凡是传统的就是民族的,凡是民族的就是好的;民族的必须接受现代性的洗礼,但现代性又不是灵丹妙药,其本身也需要接受

---

① 这是钱穆的著名说法。

第二章 论中国民族主义

反思,在反思的过程中,传统文化是借鉴资源之一。在这种复杂的关系之中,文化保守主义往往容易变成两个极端。一个极端是认为凡是传统的就是好的,不容置疑;另一个极端就是自由主义化。这两者可以奇妙地结合在同一个人身上。在一般的文化问题上,文化保守主义可以坚持前一个极端,峨冠博带;在政治文化上,则坚持人民主权论,与自由主义立场接近。

这方面的证据很多。我们可以看到文化保守主义的代表现代新儒家对于传统文化的高度亲近,但是,在政治立场上却是自由主义的。已有研究指出,现代新儒家的权威牟宗三虽然试图对传统儒学作出现代复兴,但其思想实质已然是自由主义的。[1] 而牟宗三对中国化马克思主义的谩骂有目共睹。正是有见于此,当年主持"现代新儒家研究"的方克立先生对某些组员离开马克思主义立场、列于牟宗三门墙忧心忡忡。[2] 新世纪以来秋风(姚中秋)等人明确主张儒家宪政主义,[3]虽然他们的论证在文本上瑕疵颇多,处处可驳,但在

---

[1] 唐文明:《隐秘的颠覆:康德、牟宗三与原始儒家》,生活・读书・新知三联书店2012年版。

[2] 方克立:《甲申之年的文化反思——关于大陆新儒学问题的三封信》,收入张世保主编:《大陆新儒学评论》,线装书局2007年版。

[3] 集中的文献比如姚中秋:《道统与宪法秩序》,中央编译出版社2017年版。事实上,姚中秋在其很多文章和专著中都表达了类似的观点。早在2012年就引起了自由主义倾向的学人袁伟时的注意,质疑儒家是不是宪政主义,参见袁伟时:《儒家是宪政主义吗?——简评秋风的孔子论》,收入袁伟时《文化与中国转型》,浙江大学出版社2012年版,第30页。

此重要的是他们表达了自己的立场。中国化马克思主义恐怕难以接受在文化民族主义口号之下对自由主义实质的接纳。

其次,看看自由主义的民族主义立场。自由主义以理性见长,而民族主义往往是非理性的。因此,一般总是认为两者处于严重的对立之中。但是,这种认识本身就是某种特定的立场的反应。进入新世纪之后,中国学界终于逐渐摆脱这种特殊的认识,将自由主义和民族主义作出了某种结合。他们认为,自由主义的实现需要一个民族国家的架构,而这种架构正是现代民族主义努力的目标。他们认为,自由主义和民族主义在构成因素上具有高度的相似性,比如(民族)自决、权利论、义务论等,这些自由主义论域内的重要范畴正是民族主义的基础人民主权说的基础。[1]

这些观点在其诞生之初是惊世骇俗的。自由主义似乎规驯了民族主义。不过,如果我们放眼全球,随着西方民族主义研究文献的翻译引进,就会发现这种观点的广泛性、甚至一定程度上的陈旧性。在西方关于民族主义的研究中,就存在着所谓的现代主义的民族主义研究范式。这方面的代表就是塔米尔、格林菲尔德等人。换而言之,自由主义的民族主义观点实质上认为,自由主义和民族主义是同一的。这个观点在格

---

[1] 如塔米尔、许纪霖。具体文献可参见本章相关内容。

第二章　论中国民族主义

林菲尔德①那里得到了明确而坚定的表述,而她绝非鹤立鸡群,而是某种普遍观点的再次表达。② 而塔米尔的《自由主义的民族主义》一书更具哲学思辨性。不过通读全书之后,我们会发现作者的根本弊病:指出自由主义和民族主义具有很多相同的因素,所以民族主义能够被自由主义化,其论证是薄弱的,因为,人和蛇之间的相同因素也是很多的,但人显然不是蛇。从术语的角度看,在自由主义之外发明民族主义这个词显然有其道理。这个道理至少在于,民族主义具有非理性的因素,不可为自由主义规驯。也就是说,民族主义和自由主义两者之间在建国的原则上可以具有一致性,此即人民主权(当然,在自由主义那里,人民首先是个人),但在情感、价值等其他方面,民族主义的吸引力非自由主义所能解释。在这方面,塔米尔的老师伯林的理解或许不容忽视。值得注意的是,作为一个自由主义的大家,伯林认为民族主义是非理性的,是人类压弯的树枝,一旦有机会,就会反弹。③ 难道其见识居然不如那些主张自由民族主义的学者吗?

---

① 参见格林菲尔德:《民族主义:走向现代性的五条道路》,上海三联书店 2012 年版。
② See Umut Ozkirimli, Fred Halliday, *Theories of Nationalism: A Critical Introduction*, Palgrave Macmillan, 2000. 叶江:《当代西方的两种民族理论——兼评安东尼·史密斯的民族(nation)理论》,《中国社会科学》2002 年第 1 期。
③ [英]伯林著,岳秀坤译:《扭曲的人性之材》,译林出版社 2009 年版,第 241—264 页。

可见，面对民族主义的凶猛，自由主义试图规驯它，但这种规驯是存在问题的。从某种角度看，其意图或许在于，当官方意识形态主张民族复兴，面对文化保守主义在民族主义问题上的天然优势，自由主义不得不提出自己对民族主义的看法。然而，这种看法的实质是，一方面，他们把民族主义看得过于美好；另一方面，其指向的民族主义，即便是公民民族主义，其实质还是自由主义的建国方案或者治理方案。

最后，我们反观目前中国化马克思主义的民族主义观点。吊诡的是，这种分裂在其内部也是存在的。官方意识形态明确提出了中华民族伟大复兴的口号。但这种复兴显然不能理解为将中国的建国方案、治理方案推广至全球，也不是指将传统的建国方案挪用至现今，而主要指的是中华民族作为一个民族在世界上地位的提升、形象的光大，与之相伴随的是作为价值、文化的中华民族-主义①在全世界得到认可、普及。这就导致它的民族主义一方面是马克思主义的民族主义，具有唯一性；另一方面是去除了政治诉求的文化民族主义，尽量使之普遍化。

而后者很难摆脱民族主义的特殊性。这种特殊性的极端化就是《中国可以说不》《中国不高兴》等书系，其作者明确自

---

① 之所以采用中华民族-主义这种生造的词，一个意图是为了避免民族主义的含混性，明确指出中华民族作为主体；但是，如果还是说中华民族的价值、文化，就是同语反复。所以生造了这个词。它的基本意思只是说中华民族的思想、价值、文化等。

称是中国的民族主义者。这种民族主义虽然也承认必须接纳现代民主,[①]但其非理性的立场引发了各界的不安。这种不安导致在中国化马克思主义内部也有不少人将民族主义理解为中华民族复兴之路上的障碍。[②]

显然,提出这种观点的学者其实对于民族主义的复杂性认识不深。他们不知道这个观点存在自我反驳。民族复兴的口号本身就是广义的民族主义的表现。而其实现道路,无疑主要在于三方面:第一,大力推进经济建设,在国际上勇敢竞争,而根据现有研究,在世俗化的时代,经济竞争的动力来自民族尊严,这也是某种民族主义。[③] 第二,进一步完善作为现代民族国家的中国的建构。即便中国在国际上是以经济大国的形象崛起的,政治体制始终是经济发展的有力辅助;何况,所谓的崛起,首先就是经济上的高度繁荣,引人艳羡;更何况,作为民族建国方案的政治民族主义,其另外一支主要潮流,就是马克思主义的建国方案、治理方案;千万不能认为政治民族主义只有自由主义的民族主义一支。第三,中华文化、中国价值的全球认同。从这个角度看,所谓成为民族复兴障碍的民族主义,主要是狭隘的、情绪化的民族主义。问题在于,民族

[①] 这点必须指出。"中国可以说不"派绝对不是主张专制的。只是他们对民主的接受是不起眼的,没有再三强调的。

[②] 参见沈卫星:《挑战社会主义核心价值体系的主要社会思潮》,《中国青年研究》2008年第11期。

[③] [美]里亚·格林菲尔德著,张京生、刘新义译:《资本主义精神:民族主义与经济增长》,上海人民出版社2009年版。

主义之有力,恰恰在于它的非理性,有类于伯林所说的压弯的树枝的反弹。作为反弹的树枝,可能会伤人,也可能弹得比先前所在位置高,并且引发整棵树木的震动。

可见,一方面,中国化马克思主义对于民族主义的认识本身存在分歧;另一方面,核心在于,从现代民族国家建构的角度看,它无疑是主张马克思主义的,这点与正统的自由主义以及现代新儒家的方案颇为不同。

三、出路何在?

中国当下思想界的分化之严重,正如现实当中中国各界分化之严重。民族主义成为了各方退无可退的底线。然而,以上略显粗疏的分析已经揭示,这条底线在中国化马克思主义、自由主义和文化保守主义三大主要思潮那里的理解存在某些不可通约的区别。底线也存在断裂的风险,这种风险或许早已存在。

其实还是存在某种修补的方案,虽然这种方案之危险性同样不容低估。这个方案就是,退回到"族裔民族主义"(ethnic nationalism)的立场。

关于民族主义的研究,在西方主要有两种类型:"现代主义"的民族主义研究和"族裔-象征主义"的民族主义研究。[①]

---

① 参见叶江:《当代西方的两种民族理论——兼评安东尼·史密斯的民族(nation)理论》,《中国社会科学》2002年第1期。

其要点在于,前者认为民族本身是一个现代的产物,民族主义指向着现代民族国家的建构。由于建国方案的不同,存在着自由主义的(个人本位的)和马克思主义的(集体本位的)区别。在这个研究范式之中,公民、国民的合法性源于个体的意志。后者认为,民族当然也有现代和前现代之分,但民族之谓民族,是具有共同的血统、文化、历史的人群的集合。虽然文化可以学习,但是血统是不能外借的。因此,公民的合法性就在于他具有某种血统,这是不依人的意志为转移的。

显然,在这两种类型中,如果选择第一种类型的民族主义,那么争论是不可能休止的。中国化马克思主义、自由主义和文化保守主义至少提出了三种建国方案:马克思主义的、自由主义的,至于文化保守主义,则既可能选择马克思主义,也可能选择自由主义,还会倒向传统的主张。当马克思主义还在焦急于如何处理和少数民族的关系时,自由主义明确提出当以个体意志的选择为准,其实质就是无条件坚持民族自决作为建国方案,其危险性恐怕令其自身也颇为不安。而文化保守主义则将对文化的认同与否(所谓"夷夏之辨")作为判断成员是否为某个民族的进退依据,变相地坚持抽象的民族自决原则。而在个体意志、民族自决基础上的建国方案则势必难以统一,争论将继续。

"族裔-象征主义"的民族主义在休止争论方面的优势是无与伦比的。无论是三大思潮中的哪一种,有一点是共同的,或者说在有一点上很容易形成共识,这点就是,中华民族的复兴的主体是中华民族,无论其政治立场是什么,中华民族这点是共同的。

这个论断简单得很,但却是一个有效的解决争论的方案。当然,坚持公民民族主义的自由主义或许会陷入某种紧张,因为按照他的原则,选择本身造就公民,即中华民族也是可以按照个体意志随意加入或者退出的。然而,当理论原则遇到现实,在这个问题上他们的退让和缄默是显而易见的。文化保守主义以对中华文化的选择、认同作为确定中华民族标准的某种标准。但是,似乎他们主要在处理少数民族和汉族的关系问题时采取这个立场,在对世界民族和中华民族的看法上,不会如此天真。[1]

然而,这种方案的危险性就在于,它很容易走向极端的民族主义。由于在民族建国的方案上放弃现代性原则,而只认同主体的血缘。在"族裔-象征主义"的民族主义范式中,虽然也承认文化的重要性,但那是从属于血缘的。事实上,在西方历史上,如果说法国主要代表了公民民族主义的范型,那么,德国则代表了"族裔-象征主义"的民族主义范型。而德国在取得统一的同时,所造成的历史后果不必多说。

难道争论将继续?在没有更好的替代性方案之前,民族

---

[1] 一个最近的证据是,在国家大规模吸引非洲留学生时,文化保守主义在这个问题上的反应是比较激烈的。对国家相关政策的批评,对某些"不自爱"的女大学生的严厉斥责,在网上随处可见。

主义或许还是一个很好的选择,令各方暂时归属于同一旗帜之下,虽然这面旗帜更多地是一个符号,在同一个语词下,思潮各方的理解是不同的。也许更加重要的是,在民族主义的旗帜下,以官方意识形态为主导,在野社会思潮协助,形成解决中华民族所面临的内部和外部现实问题,构成中国的民族主义本身的特有内涵。换而言之,作为共同底线的民族主义将是一种处于形成之中的新型的民族主义。它兼有一般性的民族主义的情绪性成分,发扬其动力性特征,但克服其侵略性;并且具有解决现代民族建国过程中对于现实问题的能力。正如"中华民族是多民族的多元一体格局"[①]一样,这种民族主义也是多种社会思潮的有机整合。它之所以称之为民族主义,因为它弥补了各种社会思潮之短,而有其长。

第三节　反传统的民族主义还有凝聚力吗?
——对韦政通关于中国民族主义特性论断的一个发挥

一、缘起

当代中国民族主义既面对着今日各大社会思潮的重新塑

[①] 费孝通的著名观点。为了明确起见,本文在表述上有所增补。参见费孝通等著:《中华民族多元一体格局》,中央民族学院出版社1989年版。

造，从时间上看，又是20世纪以来近现代民族主义的当下发展。后者在纵深的层面上影响了当今中国民族主义的某些特性。反传统便是它的一个重要特征。

之所以会想到这个特性，源自中国思想史研究名家韦政通的一段话。他认为中国现代知识分子具有浪漫精神，表现在很多方面，而民族主义也是一个重灾区。他说："当时知识分子极力反传统的态度，也是一种浪漫精神的表现。……看看当时一项很重要的思想表现——民族主义。民族主义在西欧是一种内发的精神力量，本不排外。德、俄两国由于承受外来的刺激而产生的民族主义，虽带有排外性，但歌颂自己的传统文化。中国的民族主义很特殊，一方面对自己的民族自尊有强烈的需求，一方面却对自己的文化传统采取强烈的攻击态度，既要打倒帝国主义又极力歌颂西洋文明，这时就使中国的民族主义丧失内聚的动力。"[1]

中国现代思想史上是否充满浪漫精神？以及何谓浪漫精神？这些问题暂不作考虑。有意思的是韦政通所提出的中国近现代民族主义的一个特征：反传统。因为一般总是将民族主义和文化保守主义、甚至一般的保守主义等同起来。但韦政通的观点恰恰对此提出反对。可惜的是，似乎韦先生没有详述这个观点。本节的意图就是解释这个观点，以展示中国

---

[1] 韦政通：《启蒙运动与当代中国思想发展》，《韦政通文集——人文主义的力量》，何卓恩、王立新编，中华书局2011年版，第20页。

第二章　论中国民族主义

现代民族主义的一个面向;既肯定它的所见,又揭示它的所蔽。需要说明的是,指出反传统是中国现代民族主义的一个特征,并不意味着中国现代民族主义只有这个特征,或者说,我们必须认识到,中国现代民族主义除了反传统的一面之外,还有高度重视传统的一面;但由于后者是民族主义的一般特征,为人们所能轻易认识,所以本节不以其为主题。

同时需要说明的一个问题是,什么是民族主义?这个问题很重要,因为如果我们把民族主义理解为对(中国)传统文化的珍视,那么,韦政通的话就不能成立,而是包含着低级的自相矛盾。但他既然那么表述了,那么,可见,即便在韦政通那里,民族主义的根本也不在对传统文化的珍视,而是别有所在。这个别有所在,就以上引文而言,[①]即"对自己的民族自尊有强烈的需求"。[②] 这种对于民族主义的理解也只是揭示了民族主义的精神维度之一脉,而对它的其他维度和脉络关注不够。

而深入理解中国现代民族主义的特性,显然对理解新世纪以来的中国民族主义具有辅助作用。更从某种角度阐明,民族主义和传统文化之间绝非等同;民族主义的意义还在于对传统文化作出创造性发展、创新性转化。这也是和本书的

---

① 也请注意,这里所说的只是"就以上引文所言",因为,民族主义的核心还可以有其他方面,比如以政治民族主义为主。这点本书已经多次加以指出。
② 而对民族自尊的需求未必全然通过珍视传统文化来实现。这就和民族主义的其他方面联系起来了。

基本立场相一致的。

二、中国现代民族主义何以反传统?

所谓"何以",我指的是两个意思。一个意思是"为什么?"即中国现代民族主义反传统的原因和理论根据,主要是思想性的;另一个意思是"如何?"即中国现代民族主义是如何反传统的? 更加确切的说法是,他们反的是什么传统? 通过回答这个问题,揭示他们具体的反传统的某种方式。

中国现代民族主义反传统的一个重要原因是进化论思潮的深刻影响。

进化论可谓中国现代思想史上的第一大潮。所谓第一大潮,指的是几乎任何现代思潮,都会和它发生紧密的联系;即便是进化论的反对者,也必须对它予以正视,提出严肃的批评,而不能忽略它的存在;还指的是,进化论全面地影响了现代人的各个方面,从哲学思想的角度看,那就是从本体论、认识论、政治哲学到道德哲学乃至美学,都受到了它的深刻影响,接受了它的某种形塑。[1]

当然必须看到进化论思潮形态的多样化以及来源的多元性。有的进化论思潮来自西方,比如达尔文、赫胥黎的生物进

---

[1] 参见高瑞泉:《中国现代精神传统》(增补本),上海古籍出版社2005年版,第47—101页。陈卫平:《器道升替:中国近代进化论的历程》,《学术界》1997年第1期。

化论,斯宾塞的社会进化论,柏格森的非理性进化论或者说生命进化论,甚至按照章太炎的说法,黑格尔和叔本华也在主张哲学进化论,只是一个偏于理性,一个偏于意志。他说:"近世言进化论者,盖昉于海格尔氏。虽无进化之明文,而所谓世界之发展,即理性之发展者,进化之说,已孳芽其间矣。……当海格尔始倡'发展论'时,索宾霍尔已与相抗,以世界之成立,由于意欲盲动,而知识为之仆隶。……索氏之所谓追求者,亦未尝不可称为进化。"[1]"索宾霍尔"即今日所说的叔本华。有的进化论思潮来自中国本土,这主要是从龚自珍开始,经康有为创发为思想架构的"公羊三世说"。

然而,无论是哪种进化论,其基本要义是相似的,那就是认为现在胜过过去、未来会胜过现在。此充分体现在以下言论中:

严复说:"世道必进,后胜于今。"[2]

康有为说:"三世为孔子非常大义,托之《春秋》以明之。所传闻世为据乱,所闻世托升平,所见世托太平。乱世者,文教未明也。升平者,渐有文教,小康也。太平者,大同之世,远近大小如一,文教全备也。"[3]而梁启超是这样总结其师康有

---

[1] 章太炎:《俱分进化论》,《章太炎全集》(第四卷),上海人民出版社1989年版,第386页。
[2] 赫胥黎原作,严复译:《天演论》,科学出版社1972年版,第69页。
[3] 康有为:《春秋董氏学》,《康有为全集》(第二集),姜义华、张荣华编校,中国人民大学出版社2007年版,第324页。

为的"公羊三世说"的:"先生的哲学,进化派哲学也。"①

孙中山说:"人类进化之目的为何? 即孔子所谓'大道之行也,天下为公。'耶稣所谓乐之天堂者是也,此人类所希望,化现在之痛苦世界而为极乐之天堂者是也。"②可见,孙中山认为现在的世界是痛苦的,所以需要舍弃,追求未来快乐的世界。

章太炎以对进化论的严厉批判而闻名,但他对进化论本身的认识十分到位:"如彼所执,终局目的,必达至善醇美之区,而进化论始成。"③而先前的一切历史阶段,都成为逐步走向"至善醇美之区"但最后必须扔掉的环节。

显然,在此进化论的背景之下,处于旧的历史阶段的传统文化当然在原则上是需要舍弃的。

然而,问题出现了。如果说引进西方的进化论思想以批评中国传统文化,这种做法至少在其本身没有内在紧张的话,那么,以脱胎于传统文化的进化论来批评传统文化,显然包含着内在的紧张,因为这种批评要求着自我否定,因此其矛头所向,不仅是一般的传统文化,而且是有着传统文化外形的进化论。我们必须一定程度上肯定这种紧张的存在。但一方面在

---

① 梁启超:《南海康先生传》,《饮冰室文集点校》,吴松等点校,云南教育出版社2001年版,第1951页。
② 孙中山:《建国方略》,《孙中山全集》(第六卷),中华书局2011年版,第196页。
③ 章太炎:《俱分进化论》,《章太炎全集》(第四卷),上海人民出版社1989年版,第386页。

第二章 论中国民族主义

中国现代思想史上,的确存在着来自传统文化的进化论反对传统文化的吊诡现象;另一方面,也应该看到,这种类型的进化论具有某种精致的理论结构,一定程度上缓解了这种内在紧张。以康有为的"公羊三世说"为例,他的意思是,传统文化并非完全毫无价值,但是它们的价值是在"据乱世""升平世"阶段所具有的价值,也就是将传统文化的价值和具体的进化论阶段结合起来,从而一定程度缓解紧张。这点也体现在陈独秀那里。作为进化论者的陈独秀并非全然否定传统文化,而是认为,传统文化在它们那个历史阶段是有意义的,但是,经过了那个历史阶段之后,传统文化必须让位给更新的文化。这点充分地体现在他对孔子的态度上。他说:"孔子的第二价值是建立君父权三位一体的礼教。这一价值,在二千年后的今天固然一文不值,并且在历史上造过无穷的罪恶,然而在孔子立教的当时,也有它相当的价值。"[1]陈独秀并非如通常所理解的那样是一个主张全然"打倒孔家店"[2]的人物。

由此,我们也对中国现代民族主义所反的传统有了更加具体的理解。和进化论相匹配,他们反对的传统,是妄图僭越其合法的历史阶段,而试图成为永恒真理的传统;他们不反对

---

[1] 陈独秀:《孔子与现代中国》,《陈独秀著作选编》(第五卷),任建树主编,上海人民出版社2009年版,第165页。
[2] 人们常常认为五四运动主张"打倒孔家店",但近来有学者指出"五四"时期从来没有人这么说过,胡适说的是"打孔家店",而不是"打倒孔家店"。这些研究是有价值的。但作为一个一般的论断,本书姑且从俗。对于这个问题需要另文澄清。不赘。本书第一章已经予以澄清。

以旧的形式安于旧的历史阶段、为了适应新的历史阶段而进行努力转化的传统。从这个角度看,康有为的"公羊三世说"虽然来自传统文化,但其本身却是经过了一番努力转化的。这种努力转化表现在,他将"公羊三世说"和现代的历史阶段的分化结合起来,将"据乱世"等同于君主专制时代,"升平世"等同于君主立宪时代,"太平世"等同于民主共和时代。从这个角度看,就其扛着传统之旗反传统而言,的确存在内在紧张;但就其所扛的传统之旗已经经过现代转化而言,这种内在紧张又被消除到最低程度。

由此,我们也就能够对韦政通所说的"反传统的民族主义"之"传统"做出更加精确的理解。[①] 简而言之,中国现代的部分民族主义者立足进化论的基本要义,对历史文化展开批评;但他们的批评的要点在于反对传统文化试图成为常道,统治人类的所有时代;对于已然成为历史陈迹的传统,却在一定程度上予以肯定。

三、反传统的民族主义是否还具有内聚力?

韦政通认为反传统的民族主义损害了中华民族的内聚的动力。从某种角度看,这是有道理的,因为当我们把民族认同的标志局限在传统文化上,那么,反传统的民族主义将会自

---

① 下文第四部分还会进一步涉及这个问题。

第二章　论中国民族主义

伤,至少造成民族的隐性分裂,不利于民族的发展。在中国现代思想史上,这种情形未必没有发生过。众所周知,中国现代思潮基本上可以分为三大社会思潮:文化保守主义自然主张对传统文化充满"温情和敬意";然而,自由主义者如胡适认为中国"百事不如人",[①]主张全盘西化、全盘现代化,[②]另一个代表人物殷海光主张和传统决裂,后者和徐复观等现代新儒家的常年争论似乎从一个侧面显示了对于传统的不同态度所造成的民族的潜在分裂;中国化马克思主义主张辩证地继承传统,对于文化保守主义和自由主义都有所批判。这三种社会思潮你争我夺,引导中国人走不同的发展道路,建设不同的精神世界,使得中华民族呈现不同的面貌,其激烈的表现形态甚至会诉诸"武器的批判",这些的确会造成如韦政通所担忧的民族内聚力的丧失。

但是,反传统的民族主义究竟还会不会具有内聚的动力?我们的答案是肯定的。

问题的关键在于,内聚的动力何在?我们认为至少存在于以下三个方面:

第一,作为政治认同的民族主义是内聚动力产生的一个源泉。

---

① 胡适:《介绍我自己的思想》,《胡适全集》(4),安徽教育出版社2003年版,第667页。
② 当然,按照胡适的说法,其真实的含义是全盘现代化;而主张全盘西化是因为看到了文化具有惰性,故是一种策略化的提法。

这首先涉及对民族主义的理解。很多时候人们往往把对文化的认同视为民族主义成立的条件,也就是说,一个民族之所以为一个民族,因为他们有着相同的历史文化;更加强硬的界定是,他们对传统文化的态度是一致的,所以是一个民族;但是,这种对于民族和民族主义的理解如果不是一种前现代的范式,那么,至少只是众多范式之一。关于民族主义,有一种比较通行的现代主义(modernism)的范式,其要义是认为一个民族之所以为一个民族,不是因为民族成员具有相同、相似的血缘和文化,而是尽管他们在文化上是多元的,但是,在政治认同上却是一致的。这种一致,也不是说他们认同陈旧的专制主义,而是肯定现代的民主政治。在这种范式中,民族主义主要是政治认同,表现为民族国家,而卢梭等人主张的"人民主权说"就是其滥觞。[1]

按照韦政通的说法,反传统的民族主义严格说是反传统文化的民族主义。也许在其理解中,文化是广义的,以及包含了人类生活的所有样态,也即包含了政治形态。但是,由于其措辞并非十分严格和清晰,我们还是可以将他所说的文化作狭义的理解,因此,政治的维度似乎落在其考虑之外;另一方面,即便我们把韦政通的文化作广义的理解,他所说的毕竟是反"传统的"文化,也就是说,从政治认同的角度看,中国现代

---

[1] Umut Ozkirimli, *Theories of Nationalism: A Critical introduce*, Palgrave Macmillan, 2nd Revised edition, 2010.

思想史上,绝大部分的社会思潮,尤其是三大社会思潮,虽然对传统文化的态度是不同的,但对于要建立一个"现代的"民族国家、这个国家的政治结构是民主的,这一点并不存在根本的分歧。①

比如,自由主义当然主张现代民主政治,这一点毋庸置疑,不过,文化保守主义的政治主张其实与之高度相似,只是他们要求立足传统,开出现代政治来。甚至严格地说,有些影响很大的现代新儒家的政治主张和自由主义并无二致,这一点我们阅读徐复观、牟宗三等人的著作时可以留下深刻的印象。而中国化马克思主义在中国的大地上提出了比自由主义更加坚实的人民主权的思想以及实现途径。不能否认,即便在三大思潮那里,彼此之间在政治认同方案的具体内容上也是存在某些争论的,然而,这里我们说的是他们的精神实质:都主张人民主权。而在现代民主政治的框架之内,新的民族认同得以产生,现代的民族主义得以确立。由于采取的是民主体制,每一个公民的主体性都得到了充分的发挥。内聚的动力就在这个过程中产生。

第二,追求富强和文明是中国现代民族主义内聚动力的另一个源泉。

中国现代思想史上很多思潮之所以反对旧的传统文化,

---

① 当然,对于什么才是民主的?民主的合法性何在?等问题的回答,各大思潮显然具有较大差异。

因为"死人拖住活人的腿",因为传统社会中中国疲敝,中国人是"东亚病夫"。有趣的是,尽管文化保守主义相比其他社会思潮高度赞扬传统文化,但是,这并不意味着他们没有认识到传统文化之弊。近年来,人们热衷于发现另一个"五四",指出章门弟子占据了"五四"思想界的半壁江山;相比于陈独秀、胡适等人,他们一定程度上较多地立足传统。但是,这个章门弟子群的党魁章太炎却是比"五四"诸人还要早地批评道:"孔教最大的污点,是使人不脱富贵利禄的思想。"[1]措辞严厉。当然,这个事实从一个角度更加佐证了韦政通所刻画的反传统的民族主义。不过,我们的重点在于指出关于传统文化的困境其实很多社会思潮都认识到了,甚至在对传统文化深表同情的文化保守主义那里。

与之形成对比的是,或者说,正是有见于传统之弊,中国现代思想更加主张建设一个新中国。这个新中国的基本特征是富强和文明。事实上,对于富强的追求早在严复那里就开始了。中国现代思想是研究名家本杰明·史华兹将严复界定为"寻求富强"的重要人物,一针见血。[2] 综观自由主义对中国的设计,富强从来是其念兹在兹的主题。而在现代新儒家那里,其早期核心人物梁漱溟也指出,"从前中国人是以天下

---

[1] 章太炎:《东京留学生欢迎会演说辞》,《章太炎讲演集》,马勇编,河北人民出版社2004年版,第4页。
[2] 参见[美] 本杰明·史华兹著,叶凤美译:《寻求富强——严复与西方》,江苏人民出版社1995年版。

第二章　论中国民族主义

观念代替国家观念的。他念念只祝望'天下太平',从来不曾想什么'国家富强'。"①这句话反过来理解也就是现代中国人以国家富强作为追求的目标了。中国化马克思主义即便在极端的年代,所喊出的"赶英超美"的口号的实质无疑就是对富强的追求,邓小平所说的翻几番的发展目标,也是追求富强的表现,近年来社会主义核心价值观也明确把"富强"列为首位,以此凝聚社会共识。从这个角度看,有的学者指出追求富强是中国现代思想史的一个主题,②这个观点有一定的正确性。

除了富强之外,中国现代思想史的另一个重要主题是追求文明。胡适明确说,他的工作的所有主题就是"研究问题,输入学理,整理国故,再造文明"。③ 中国化马克思主义的百年追求,凝聚在三句话当中:创造社会主义的物质文明、精神文明以及政治文明;而社会主义核心价值观也把"文明"当作重要的范畴。文化保守主义更加坚定,他们认为文明不仅是现代中国的追求目标,而且,中华文化从来就是文明的。文化

---

① 梁漱溟:《中国文化要义》,《梁漱溟全集》(3),山东人民出版社2005年版,第26页。
② 参见许纪霖:《从寻求富强到文明自觉——清末民初强国梦的历史嬗变》,《复旦学报》(社会科学版)2010年第4期;陈来也指出:"由于东亚地区的近代化或现代化从一开始就是和民族国家的存在关联在一起的,故民族国家的近代化从一开始便把注意力集中于'富国强兵'的国家功能上。"(陈来著:《孔夫子与现代世界》,北京大学出版社2011年版,第109页。)
③ 胡适:《"新思潮"的意义》,《胡适全集》(1),安徽教育出版社2003年版,第691—700页。

保守主义的重镇章太炎以"俱分进化论"、唯识学、庄子思想、康德哲学糅合成真如哲学,[1]批评社会达尔文主义,因为后者树"文野之见",借助于进化论的一元历史观将中国文明确认为是低级的、野蛮的。章太炎认为,中华文明不仅在历史上是灿烂的,而且,作为"国性"保存下去,定然在未来也能成为中华民族复兴的内在根据。

可见,富强和文明是中国现代思想的两个重要的主题。[2] 这两个目标得到了各大社会思潮的高度认同,它们构成了中华民族发展的目的因。而目的因可以转化为动力因,它们又成为中华民族主义的内聚的动力。

特别需要指出的是,今日,富强和文明又构成了社会主义核心价值观中的两个。可见,近现代反传统的民族主义的凝聚力在今日依然存在,并且在主流意识形态中也获得了高度肯定。

第三,创造新的文化认同是中国现代民族主义的另一个特征。

以上主要从民族主义的现代主义理解(政治民族主义)、共同的目的因的存在等角度论证,即便中国的民族主义是反传统文化的,中华民族依然会具有内聚力。事实上,即便我们

---

[1] 参见蔡志栋:《章太炎后期哲学思想研究》,上海社会科学院出版社2013年版。
[2] 不否认还有其他主题,但此处就这两者展开讨论。

局限于韦政通所说的传统文化,对它的反对未必会导致严重的分裂。① 原因有二:

原因其一,当反传统文化成为各个社会思潮共同的立场时,反传统文化本身就是共识,就是背景,就是底线,就是内聚力产生的根据。就像外患逼近时国家内部会无比团结一样,面对传统文化这个对手,现代思想的内在分裂只能暂时放在一边。

也许文化保守主义是一个例外。就其表面而言,它自然不主张全盘反传统。但需要注意的是,当他们高度肯定传统文化的价值的时候,同时也在对传统文化作现代解释。比如,几乎没有人会承认传统文化中的专制主义,反而一再表示传统文化中已经有了现代民主的因素,尽管这种解释很可能是过度的;比如,将民本等同于民主。所以,他们所谓的传统文化早已是经过现代价值折射的传统文化。就其经过了折射而言,即便是文化保守主义也对传统文化有一定不满的成分在内。

原因其二,一方面,我们看到了反传统文化的普遍性;另一方面,很多思潮也认识到了传统的现代性。不必说文化保守主义总是试图接榫传统和现代,认为传统文化中就有科学、民主等现代性的因子,②即便自由主义思潮中极端反传统的殷海光,也在临终前的病床上和徐复观等文化保守主义者和

---

① 注意,这么说未必意味着分裂不存在;而是说,在分裂之外还是会存在共识。
② 如著名的《为中国文化敬告世界人士宣言》。

解,承认传统文化的价值;在其名作《中国文化的展望》中,也对儒墨等传统文化的道德条目表示肯定,将之纳入"新人本主义"的建构中。[1]

传统文化的现代转化还表现在人们试图沟通中西文化。这方面的例子很多,一个颇值得一提的例子是"国粹派"对"国粹"的新解。一般认为,所谓国粹,指的是传统的、旧的优秀文化。其要点有二:本土的和优秀的。但是,在中国现代思想史上,"国粹派"的重要成员黄节已经对国粹提出了新的解释:所谓国粹,不仅指本土的优秀文化,而且也包含了本民族在中外交流之中吸取的外来优秀文化:"本我国之所有而适宜焉者,国粹也;取外国之宜于我国,而吾足以行焉者,亦国粹也。"[2]

这些都说明,通过重新诠释旧文化、创造新文化,中国现代民族主义依然能够建立在文化认同的基础上,而这种认同显然也是内聚力产生的又一个源泉。

综上,我们得出结论:反传统文化的民族主义依然可以产生内聚的动力。

四、反传统的民族主义是否还是民族主义?

对于这个问题上文已经从某种角度进行了回答。答案也

---

[1] 殷海光:《中国文化的展望》,上海三联书店2009年版,第354—368页。
[2] 黄节:《国粹保存主义》,《政艺通报》壬寅第22期,转引自周德丰:《晚清国粹派的文化哲学思想平议》,《南开学报》1996年第4期。

第二章 论中国民族主义

是肯定的。

但在**逻辑**上先要说明为什么要讨论这个问题。如果我们将民族主义和传统主义直接地、完全地等同起来,那么,反传统文化的民族主义就是一个自我否定的概念。当然,提出这个概念的韦政通认为具有这种特征的民族主义还是民族主义,因为它还是为了维护民族的尊严。

然而,以维护民族尊严来论证民族主义,虽然不能说无效,但毕竟只是涉及了民族主义的一个侧面,说服力不强。我们最好揭示民族主义的其他侧面,以确定反传统文化的民族主义还是民族主义。这就一定程度上涉及我对民族主义诸多范式的综合。

按照民族主义研究大家安东尼·史密斯(Anthony Smith)的观点,民族、民族主义具有四大典型范式:原生主义的、永存主义的、现代主义的,以及他自己综合以上诸家而创立的族裔-象征主义的。[①] 与本节研究主题相关,关键在于如何看待传统文化和民族主义的关系。无疑,原生主义、永存主义和族裔-象征主义本质上就是文化的,因此,在这些范式中,反传统文化往往意味着反民族主义,虽然在更加细致的分析之下,我们会发现事情没那么简单,但一般的结论是可以作出的。但在现代主义的民族主义范式内,只要认同现代民主政

---

① [英]安东尼·史密斯著,叶江译:《民族主义》,上海人民出版社2006年版。

治就可以构成新的民族,产生民族主义,甚至有的研究者认为,这才是民族主义的正道,是理性的民族主义。①

不过,我认为第一步应该将韦政通的观点和现代主义(modernism)的观点结合起来。也就是说,民族主义的现代主义范式主要是以政治认同作为核心,这种认同也会产生民族自尊。同时我们必须认识到,民族自尊本质上是民族主义的精神维度的一个表现。还有其他表现,比如愤恨、自豪、艳羡等。

第二步,我们应该考虑文化在民族主义的理解中究竟应该占据什么地位。广义上,文化是一切,也许正是出于这个原因,有的研究者并不主张以文化认同作为民族主义的标志。②但狭义的文化呢?人的存在必然会以某种文化符号表现出来。因此,我们的观点比较通融:就中国的具体情形而言,完全采纳现代主义的民族主义范式是不可取的。我们当然不能否认追求现代民主政治对于中华民族的积极意义,但不能以之作为评判是否为中华民族之一员的标准。否则,不仅会置悠久而壮丽的历史文化于不顾,而且势必造成民族、国家的分裂。"中华民族"这个范畴的产生当然是现代的,一般认为是梁启超首倡,但它作为共同体却是在历史中逐渐形成的,有着

---

① 参见[以] 塔米尔著:《自由主义的民族主义》,上海人民出版社 2005 年版。
② 如《民族主义:走向现代的五条道路》的作者,国际著名民族主义研究专家格林菲尔德教授在和我的对话中就持这种观点。她本人就是现代主义的民族主义的理论代表之一。

漫长的历史。对此,费孝通的"中华民族多元一体格局"的提法作出了精到的诠释。

文化具有多重特征:它是多元的,或者说,多层次的;它又是发展的。就这两个特征而言,反传统文化的民族主义依然可以是民族主义的,而且是文化民族主义、即以文化作为认同标志的民族主义的。因为所反的传统文化可以是多元文化中的一元或者一部分,而对传统文化的其他部分没有触动。比如,已有学者注意到,中国现代思想史的一个特征就是古典正统在饱受讥评的同时,原先的"异端翻为正统"。[①] 这就意味着并不是所有的传统文化都受到了批评。

文化的另一个特征是发展。一个民族通过反省传统文化,创造新的文化,从而造成新的认同;甚至这个创造过程本身就是认同的原因之所在。而创造的形态是多样化的,反省传统文化也是创造的一种表现。从这个角度看,正如上文所说,反传统文化本身就能一定程度上建立某种联盟。

总之,反传统文化的民族主义依然还是民族主义,它通过反省传统文化,建构新的文化,尤其是新的、现代的政治认同,来形塑现代的民族主义。和任何民族主义一样,现代的民族主义也是包含着囊括了自尊、自豪、愤恨等情感、精神的民族价值的。韦政通的"反传统的民族主义"给了我们颇大的启

[①] 高瑞泉:《观念史何为?》,《华东师范大学学报》(哲学社会科学版)2011年第2期。

发,我们试图以本节将此范畴展开,一方面充分论证它,另一方面揭示其内在的需要进一步说明的理论层次,也在一定程度上揭示它的不足,以期此概念能够成功地刻画中国现代民族主义一个面向。

无疑,这个面相也是延续至今的,构成了新世纪以来中国的民族主义某个特征。

第四节　中国现代民族主义论纲
——以其与现代社会思潮的关系为中心

民族主义具有多种范式。这点上文已经多次提及。它被认为是当代社会思潮的底线,然而,我们的分析表明,这个底线也是存在分裂的。然而,民族主义能否成为当代社会思潮的基本平台？反过来,当代社会思潮能够为民族主义新框架提供什么资源？

一、何谓民族主义？

民族主义是中国现代思想史、现代历史的底色：这几乎是学界的一个基本观点。所谓底色,当然是一种比喻性的说法,其真实含义是说,并无一种纯粹的民族主义思潮,而是其他社会思潮都会具有民族主义的倾向。

第二章 论中国民族主义

果然如此吗?

未必。因为很明显,在20世纪中国,的确有思潮明确以民族主义为旗帜。著名的有孙中山的"三民主义",而且这一旗帜为国民党所继承,在1949年之前的中国大地上是不容置疑的立场。在20世纪末,"中国可以说不"派也明确打出了民族主义的旗号,甚至其主将王小东现在被确认为是民族主义思潮的代表人物。[1] 这是其一。其二,以上论断的论证存在问题。这些论证的大致内容如下:由于现代中国面临救亡图存的首要任务,所以其他社会思潮无论其基本主张是什么,都必须给它让位,哪怕他们的主旨是与民族主义相矛盾的。人们时常举胡适的自由主义的例子来说明这点。他们认为,自由主义理应以个人自由为核心,但是在现代中国的背景下,这个主张往往让位给国家自由、国家富强。可是,这个论证很明显是以某种民族主义类型为前提的,他们将民族主义等同于国家富强之类。这种理解当然无可厚非,不过未必所有人都愿意在两者之间画等号。

问题的核心是,究竟什么是民族主义?

可以肯定的是,这是一个意义丰富的概念,歧义纷呈。这就导致大家很可能是在不同的意义上使用民族主义这个术语。因此,需要对民族主义本身做出某种类型学的梳理。在

---

[1] 参见马立诚:《当代中国八种社会思潮》,社会科学文献出版社2012年版。

此我可以明确提出的是,在中国现代民族主义的问题上,我主张采取特殊和普遍相统一的研究范式。

我关注民族主义有日,时常困惑于它的含义问题。就像有多少个演员就有多少个哈姆雷特一样,有多少本关于民族主义的著作,就有多少种对民族主义的理解:也当然,这些理解可以被分为不同的类型。① 不过,有一点似乎是很显然的:"民族主义"无论如何是一个中国的术语。这是正确的废话:因为"民族主义"四个字显然是中国字。很多人看到这句话会跳起来,认为中国并无民族主义,它是对西方术语 nationalism 的翻译,而且是一个有问题的翻译,正确的翻译应该是"国族主义",等等。我的意见是,也许从发生学的角度看,民族主义是一个翻译词,但是,语言是有生命力的,一经产生,就会有自己的命运。民族主义就是这四个中国字的宿命。从这个角度看,国族主义也许翻回英文也是 nationalism,但是,在中文的范畴内,它和民族主义的内涵是存在差异的。这是所谓的特殊性的一个含义:我们必须认识到中国的民族主义和西方的

---

① 在此我对于当下关于中国民族主义的研究有一个很大的不满:许多论著也认识到了澄清民族主义概念对于民族主义研究的重要性,但是,在这个元理论的问题上很多论著缺乏涸泽而渔的意识和勇气,仅仅随机地选择若干关于民族主义的定义为其所用,而忽略了其他的定义以及所要研究对象的丰富性。当然,我的这个批评可以招致某种反批评:他们可以说这就是我对民族主义的理解。但是,我一直觉得在没有充分掌握学界已有研究成果的基础上,就敢于沿用比较陈旧的关于民族主义的定义,而忽略它所受到的批评,或者对这些批评作出足够的回应,这是需要很大的理论勇气的。

第二章 论中国民族主义

nationalism的差异性。这是和上文的章节使用民族主义较多从西方含义入手略微不同的。

既然民族主义是一个中国词,而不仅仅是 nationalism 的翻译词,那么,不同的社会思潮会在不同的含义上使用它。我们应该充分尊重这些使用。这是特殊性的另一个含义。

所谓一般性,指的是我们要有自己的分析框架来对社会思潮和民族主义相关的内容作出研究。注意,这句话里面的民族主义主要指的就是我们自己的分析框架。因此,这句话的意思不单纯是说我们有自己的框架对特殊意义上的中国民族主义作出研究,而且也包含了这层意思:即便各个社会思潮似乎没有直接涉及民族主义的字样,但是,按照我们的分析框架而言,某些内容其实在表达民族主义的思想,那么这些内容就是和民族主义相关的,就是我们的研究对象。

如此我们便试图达成"民族主义"话语和民族主义思想之间的统一。就后者而言,或者说,就一般性而言,本节实际上在表达自己的民族主义思想,一定意义上可谓尝试提出某种民族主义的元理论。

那么这种元理论的内涵是什么?分为三个方面:

1. 民族主义主体论。指的是谁是中国现代民族主义中所提及的"民族"。各大社会思潮对此提出了什么观点?又有哪些历史流变?

2. 政治民族主义的问题。讨论的是各大社会思潮主张以什么原则、方案作为民族建国的指导思想。

3. 民族主义的价值层面。讨论的是民族主义能否以及如何成为现当代中国人重建价值世界的基本框架。考察各大思潮提出了什么观点。

为什么是这三个方面？以及为什么会忽略通常为人所重视的某些方面（比如文化民族主义的问题）？下文在具体讨论它们的时候会展开。

又必须强调的是，我们并不希望在这篇文章中解决关于中国现代民族主义的所有问题。为了论述的方便，本文以自由主义、马克思主义以及文化保守主义三大社会思潮为主，兼顾其他社会思潮。

二、民族主义主体论

中国现代民族主义主体论似乎是一种非常突兀的提法。很少有人会考虑到这个问题，不是因为这个问题艰深，而是因为大家觉得这不是一个问题。可是现在提出来了，也许我们要承认这里面存在着很多麻烦的事情。

民族主义至少是一种很强烈的感情，包含着对"自我"和"他者"的区分。中国现代民族主义的主体毋庸置疑是中国人，可是，谁是中国人？这个问题不容易回答。各大思潮的答案是有差异的。我们从个体、中间群体以及一般群体三个层面展开论述。后两者之间存在复杂的纠葛。

第二章 论中国民族主义

所谓个体,指的是谁是这一个中国人?在一般的意义上,中国人首先指的是具有公认的某些血统的人,比如,黄皮肤、黑眼睛、黑头发等生理特征。但这显然是最基本的要求。在此基础之上,各大社会思潮又进一步提出了新的规定。

如果我们暂时忽略自由主义的中国特色,就自由主义的一般思路而言,他们认为个体中国人更加确切的名称是"公民"。也就是说,认同现代民主政治制度的人就是公民,否则就不是。在中国自由主义那里,这首先表现为梁启超在《新民说》中对于"新民"的讨论。虽然梁启超的《新民说》对新民在道德层面作出了诸多规划,但是,不可否认,他所说的新民首先指的是准备成为新的国家的组成分子的新的"国民";而且他还对新民的政治素质提出了要求。

梁启超也是较早提出"中国民族""中华民族"的思想家。其中包含满汉蒙回等民族。为了清晰划分,梁启超又把中华民族意义上的民族主义称为大民族主义,把建立在满汉蒙回基础上的民族主义称为小民族主义。他主张的是前者。这个立场也为现代中国的主流所继承。

问题的麻烦在于中华民族和满汉蒙回等民族究竟是什么关系?二十世纪三四十年代费孝通和顾颉刚之间发生了一场争论。这场争论在某种意义上可以看作是自由主义知识分子和文化保守主义者之间的一次交锋,并且具有历史的延续性。费孝通提出了为其在1980年代更加明确的"中华民族是多元一体格局"的观点,简而言之,满汉蒙回等民族是多元,中华民族是一体;并不是除去满汉蒙回等民族之外还有一个中华民族。顾颉刚则认为中华民族是"一个",其实也就是汉族。尽管顾颉刚的这个观点具有抗击日寇侵略的特殊历史背景,具有团结中华民族的意义,但是,单纯从理论角度看,显然是值得商榷的。中华民族可以是"一个",但如何诠释这"一个"?的确是一个问题。

1949年后,中国共产党进行了细致的民族甄别工作,提出了56个民族的说法。这项工作从某种角度看存在着内部的紧张。因为马克思主义明确反对民族主义,而主张以阶级区分你我,但是民族甄别工作一定程度上在强化民族主义;这个事件在其后的历史发展中产生了利弊交参的结果。好处在于对中华民族及其内在组成部分更加明确,弊端在于为内部的民族主义提供了口实。虽然1980年代之后国家试图通过区分nation和ethnicity来化解这种紧张,指出中华民族的民族指的是nation意义上的,而56个民族的民族指的是ethnicity意义上的,确切的说法应该是"族裔"。由于这些工作主要是中国共产党领导下的知识分子进行的,因此某种意义上可以看作是马克思主义内部的发展。问题的复杂性在于,从历史的角度看,从族裔(ethnicity)转化为民族(nation)的不乏其例。这种理论澄清工作难以从根本上解决现实中存在的民族主义问题。

第二章 论中国民族主义

从个体的角度看,为了团结更多的中华民族儿女,中国马克思主义并不像自由主义那样主张以对政治制度的认同作为民族成员的判断标准。一定程度上退回到了宽泛的血缘意义上的认同标准。在某些研究者看来,这种认同标准是前现代的。

可是从来没有纯粹的血统;血统往往和文化习俗等紧密地联系在一起的。这就涉及文化保守主义思潮。如果说自由主义以对现代民主政治的认同作为区分你我的标准,那么,这个标准在文化保守主义这里就转变为文化了。这并不是说他们会排斥血统的重要性,可是有的时候他们的确非常计较血统。事实上,从某种角度看,他们之所以突出文化作为评判民族成员的标准,恰恰是以血统差异的重要性为前提的。也许说在中国古代就有民族主义,这更多是一种"倒填日月"的做法,但古典中国的确有容纳异族的理论根据:无论其血统如何,只要认同中华文化,就是中国人。夷狄和诸夏之间因为文化而发生转移。在放眼看世界之后,以"天下"为视野,文化保守主义一方面以是否认同中华文化作为民族主义主体的判断标准,另一方面,又委婉地表达着尊重文化多样性的态度。可是,当他们更多主张"大同"而不是"太和"的时候,某种文化一元论呼之欲出。不过,这种主张却又包含着从根本上否定民族主义的倾向,也是与古文经学最后一位大师章太炎所说的"民族主义是西方最陋的学问",但要完全抛弃它,则需要百年

177

的观点相一致。[①]

三、政治民族主义问题

所谓政治民族主义问题指的就是民族建国问题。从某种角度看,这个问题和民族主义主体论存在交叉。因为民族主体的判定标准之一是对某种政治原则的认同,这就涉及建国问题。

需要指出三点:第一,之所以此处比较含混地使用某种政治原则,而不是明确的现代民主制度的字样,因为以对现代民主制度的认同为判定标准的提法主要出自自由主义,虽然文化保守主义强调对文化的认同对于判定民族主体的重要性,但诚如下文会指出的,他们也设计了某种政治制度,而它们未必全然是和民主政治合拍的。第二,很多研究者会在公民民族主义的标题下讨论民族建国问题,而在广义上我们要承认现代社会必然承认公民,公民民族主义的英文表达是civic nationalism,从其内在含义来说,civic nationalism 指的是以对政治原则的认同为核心的民族主义,有别于对血统、文化认同为标准的民族主义;显然,这种内涵突出的也是政治维度。所以笔者更加愿意使用政治民族主义来替代原先为学界(主要是自由主义者)使用的公民民族主义范畴,希望它能够

---

① 章太炎:《道德革命论》,《章太炎全集》(3),上海人民出版社 1985 年版。

第二章　论中国民族主义

容纳更多的内容和社会思潮,避免在术语的使用上就不知不觉掉入某一种社会思潮的苑囿。第三,这里所说的建国是广义的,包括民族国家建成之后的国家建设发展,而不单纯是追求统一的过程。

问题的另一面是,民族主义从来就有对外的层面:无论我们如何界定民族。政治民族主义在进行内部国家建设的同时,也必然包含对国家之间关系的规划。而从三大社会思潮的角度说,他们自始至终都包含着对某种形式的普遍主义的设定。一定意义上我们可以说作为特殊主义的民族主义和普遍主义存在着紧张,在思想的一贯性、融洽性上存在不足。但不得不说,这就是中国现代民族主义和社会思潮之间的关系。

下文分别从三大社会思潮在政治民族主义内部建国问题上的政治原则以及在普遍主义问题上的观点两个角度加以论述。

(一)自由主义的建国原则我们已经耳熟能详,比如宪政、三权分立等。值得讨论的是,当我们提出自由主义的民族主义维度的时候,这种提法是否正确？换句话说是,自由主义是否和民族主义矛盾？对于这个问题学界已经克服了原先的幼稚,以为既然自由主义强调确保个人自由,而民族主义强调保障国家安全,那么两者之间必然存在紧张;现在的主张是挖掘两者之间的共同点,使两者能够联姻。我们可以看到在受

个体的时代

到国外相关学术思潮影响之后,国内所诞生的一系列相关的论著。"自由民族主义"或者"自由主义的民族主义"这类字样随处可见。[①] 这个术语的基本含义指的就是用自由主义的原则来建设国家,而国家虽然可能会侵犯人权(对外战争只是这种侵犯得以发生的某种特殊形式),但是在隐性的层面上,国家的存在对于确保个人自由性命攸关,因为自由权并不以个体的自觉性为担保,而是以国家的强制力作为后盾。忽略了这点而一味看到国家的危险是短视的。以此为背景反观中国的自由主义,一方面我们可以发现他们始终是坚定的民族主义者,为了国家的建设可以舍弃自由主义的基本原则,此以胡适为烈;另一方面,也许这种自认的舍弃从某种角度反而暴露了一个问题:中国的自由主义者没有意识到国家对于个人自由的重要性。[②] 以为国家对于个人只有损害性,没有看到国家对个人自由的保护。

然而,也许是中国人从来具有心怀天下的情愫,中国的自由主义明确提出了世界主义作为民族主义的发展方向的观

---

① 对此,本章第一节也罗列一些相关著述。
② 注意,作为论纲我们只能这么简单措辞。事实上,在胡适留学日记中我们可以发现他已经认识到民族主义对于自由主义的积极意义。但是有趣的是,这种认识并没有反映到 1930 年代及其之后他的思想中。另外,如果我们将视野放宽至 20 世纪末 21 世纪初,那么就可以发现有一些研究自由民族主义的学者(比如较早主张自由主义的民族主义观点的许纪霖)其实就是自由主义者。从这个角度看,他们的学术研究同时具有思想表达的意义,他们已经认识到国家的重要性,但同时又充满忧虑。

点。蔡元培、胡适皆如此。[①] 需要指出的是,我们时常笼统地把世界主义作为普遍主义的代名词,但是,严格地说"世界主义"这个术语也具有特定的含义,它只是众多普遍主义的一种表现、一个表述。至于从民族主义发展到世界主义的道路,蔡元培明确借用了中国传统的家国天下的阶段论。他通过我性—家—国—世界的步骤完成了从民族主义到世界主义的过渡;同时在这个链条上,我们也可以发现蔡元培有机融合了自由主义对于个体的重视。

(二)马克思主义的建国原则也是耳熟能详了。这里面尤其需要讨论一个问题:如何理解马克思主义和民族主义之间的关系?因为马克思主义明确主张"全世界无产阶级联合起来!"毛泽东是一个坚定的民族主义者,但同时又具有国际主义的情怀。新时期以来,国际主义的向度更加强大,改革开放某种意义上可以看作是国际主义的具体实践。但在20世纪末以来,民族复兴的口号再次明确提出,而改革开放似乎又成了民族复兴的手段。

(三)文化民族主义究竟有没有自己的建国原则?从康有为开始,直至当下的蒋庆,对政治哲学始终高度关注,并力图勾画某种政治原则作为建国方案。这些方案大致具有三种

---

① 参见蔡志栋:《在民族主义与自由主义之间——蔡元培政治思想简论》,《学术界》2010年第3期。

类型：

1. 回归传统。
2. 接近当政的意识形态。
3. 自由主义的翻版。

在现实中，往往表现为三种类型的综合。文化保守主义无论如何主张回归传统，实际上或多或少会引进现代民主政治原则，只是在具体的名称和细微的结构上和自由主义或社会主义相异。我们从康有为的变法主张，章太炎对民主制度的新设计，梁漱溟的新乡村建设，熊十力对传统儒家政治哲学的新诠释，以及蒋庆的政治儒学，往往是现代民主政治的某种变形。而1949年后现代新儒学代表人物的去留，往往反映着他们在民族建国的问题上采取的方案是和自由主义接近，还是和社会主义相近。笼统地说，留在大陆的现代新儒家会主张社会主义，而以传统的形式表现出来，比如熊十力便主张儒家社会主义；漂流到海外的新儒家则会较多主张自由主义型的方案，而对马克思主义百般谩骂。从这个角度看，也许我们可以大胆地说，在民族建国的原则上，以现代新儒家为代表的文化保守主义并没有提出全新的内容。他们的贡献在于侧重于对古典传统和现代政治原则之间作出沟通。但是，这个特点在新世纪以来逐渐丧失，或者说，也为其他社会思潮所共享。中国化马克思主义明确提出要和优秀传统文化相联系。

不过文化保守主义提出的普遍主义方案却颇具古典特

色。康有为的大同说是儒家的现代翻版,这个提法甚至也为熊十力等人所继承,章太炎的"五无论"则具佛学特色,近期"天下主义"的提出则是普遍主义的新方案。

四、作为价值的民族主义

为什么要讨论价值民族主义这个问题?

民族主义和人的精神世界相关的。我们可以从心理状态、民族精神以及价值归属等三个方面讨论这个问题。

(一)毋庸置疑,民族主义是和人的心理感受密切相连的。在这个问题上,也许文化保守主义的观点比较突出,他们主张对于传统文化保持温情和敬意。但这并不意味着其他社会思潮就没有类似的方面。就温情和敬意而言,中国马克思主义其实也主张从孔夫子到孙中山我们都要继承,[1]而且要对传统文化充满自豪。也正是在这个意义上,笔者并不主张讨论文化民族主义的问题,因为对传统文化的热情并非文化保守主义一家之事。连喊出"中国百事不如人"的胡适事实上也在其中国传统思想史的研究中试图勾连自由主义和中国传统,甚至产生了道家自由主义的脉络。[2]

这种心理感受不仅表现为对于传统文化的热情,而且也

---

[1] 这是毛泽东的话。
[2] 参见蔡志栋:《论"道家自由主义"三相》,《华东师范大学学报》(哲社版)2013年第2期。

表现为对于其他民族国家各个方面艳羡的情结。由于这种情结针对的不单单文化,而且也指向其他国家的政治设计,所以绝非文化民族主义能够规范。康有为主张仿效日本进行变法,胡适主张"全盘西化"(实质为现代化),毛泽东时代的"赶英超美",都具有这方面的色彩。

民族主义的心理特征在战争年代获得了强化甚至极端发展,甚至演化为一个国家的"神经官能症"。中国人对日本的态度就是一个典型。各大思潮无论在其他问题上有多少差异,一旦遇到日本,往往会有过激反应,直至上街游行,酿成民族主义运动。其心理状态主要表现为愤怒,但很多网上的帖子都揭示出日本人在生活质量、严于律己等方面超过国人的地方,虽然这些帖子被批评为"精日"(精神上的日本人),但其中难道没有怒己不争的成分吗?真实的情况是,面对日本,扩而广之,面对外国,国人的情绪是复杂的。

(二)各大社会思潮分别提出了各自的民族精神主张。在这个问题上可以分为个体和群体两个层面,前者往往转变为德性论的另一种探讨,后者则一般地讨论民族精神。

从个体德性论的角度看,三大社会思潮各自提出了理想的德性规范。自由主义侧重于中国特色的个人主义,马克思主义则以集体主义为圭臬。他们不仅在现代中国创造着新的德性传统,而且也主张从古典世界中发现相关的内容。这样做在两个方面强化了他们的民族主义立场:民族主义可以是新传统；民族主义与传统文化相连了。文化保守主义则往往主张发展以儒家为主的德性论。从另外的角度看，这个问题也就是国民素质论。

在一般的层面，各大社会思潮均对中国传统思想中的价值表示肯定。比如，在救亡图存的背景下，气节受到了高度关注。张君劢明确指出气节就是中华民族精神的重要内容。中华人民共和国成立后的马克思主义借助于自己官方意识形态的地位，注重在中国历史上寻找民族精神的代言人，比如文天祥就是气节的表现。[①]

（三）民族主义能否成为价值归宿？之所以提出这个问题，因为现代以来中国陷入了价值迷失的境地。[②] 在更广的层面上，我们可以发现，价值迷失是一个现代性事件，具有世界范围的普遍性。而按照民族主义研究专家格林菲尔德教授的观点，民族主义正是对价值迷失（又叫失范）的应对措施。[③] 那么，对于中国人来说，民族主义能否成为治疗价值失范的药方？

笔者的观点是，让民族主义成为新的根本价值是危险的。这句话似乎是废话，因为绝大多数人在理性的时候会都认为

---

① 但近期关于文天祥是不是代表了民族气节存在着争议，因为民族气节是对异族而言。而文天祥只是宋朝抗元的英雄，元本质上也是中华民族的组成部分。这和现代中国的抗日有着质的差异。
② 高瑞泉主编：《中国近代社会思潮》，华东师范大学出版社1996年版，导言。
③ 参见 Liah Greenfeld, *Mind, Modernity, Madness: The Impact of Culture on Human Experience*, Harvard University Press, 2013。

民族主义不好,尽管在特殊的情况下自己难免成为街上民族主义运动的一员在摇旗呐喊。可是,本节一开始不就说过民族主义界定的困难了吗?不是说过存在理性的民族主义了吗?当人们认为民族主义不好的时候,这样的民族主义往往具有排外的种族主义色彩。比如中国人对于日本的情感,并不因为对方(日本的普通国民)也是热爱和平的而改变,而只要对方是日本人,就是天生的原罪。因此,关键问题是要证明为什么各大思潮所主张的不同类型的民族主义如果要寻求价值的统一,最终会走向激烈的种族主义?

20世纪以来,中国的思想界的分裂或隐或显,始终存在。唯独在民族复兴的问题上,大家获得了某种最大限度的统一的基础,这就是民族主义。但是,这个结论不能深究。一旦深究下去,就会发现大家在民族复兴的主体、目标、路径等各个问题上依然争议颇多,裂痕还是在延续。对此,上文其实已经作了某种论述。然而,在众多分裂之中,有一样东西可以获得最大限度的共识,此即血统。"华人"成了不计前嫌、握手言欢的基本条件。这也是我在本章前几节所说的族裔民族主义的路向。这是有利于统一战线的建立的,但却很容易失去限制,沦为现代版的"非我族类,其心必异"。

中国的民族主义,依然在路上。

第三章 论新权威主义

毋庸置疑,新权威主义是当代中国一大社会思潮,萧功秦是其坚定的代表人物。就萧功秦的观点而言,从发展过程来看,新权威主义经历了从20世纪末的"政治权威—经济发展—民主转型"三个阶段论,到21世纪的"政治权威—经济发展—公民社会—民主建设"四个阶段论,试图回答从权威主义到现代民主转型何以可能等关键问题;由此也更新了新权威主义的定义,甚至导致了名称的变迁,变为了"新保守主义"。从论证理路来看,新权威主义一方面高度关注理论建构;另一方面,积极回应同时代的社会思潮,对极端左派、自由主义、民族主义、宪政社会主义等社会思潮作出了交锋;新权威主义还密切关注历史,表现为对历史进行重新诠释,史论结合,互相支撑。同时,新权威主义注意吸收国外相近理论,借鉴外国现代转型经验,为自己作辩护。然而,新权威主义始终面临着三大质疑:一是如何担保政治性的权威必然发生民主转型?二

个体的时代

是对中国近现代史的解释本身也是多元的;三是国外经验和理论的有效性如何值得深入探索,绝非简单可言。

第一节 评新权威主义:
以萧功秦为中心

20 世纪 80 年代末,新权威主义横空出世。正如这一思潮的核心代表人物萧功秦所说,当时他在某个会议上提出这个思想,不仅只有挨批的份,而且在会后还受到当代中国自由主义的代表许纪霖和朱学勤的登门劝说。[①] 可是,几乎三十年过去了,认同新权威主义的越来越多。[②] 不过,另外一个现象是,当初与萧功秦持类似观点的同道后来大都改变了思想立场,而随后加入新权威主义思想阵营的虽然思想实质的确也是新权威主义,[③]但并未明确举起这面旗帜。这就使得我们的研究基本上侧重于以萧功秦为中心加以展开。

我们的问题是,虽然萧功秦清楚地认识到历史的发展是多种社会思潮合力的结果,虽然他也认识到目前中国实际上

[①] 萧功秦:《超越左右激进主义——走出中国转型的困境》,浙江大学出版社 2012 年版,第 40 页。
[②] 这是萧功秦自己的说法。
[③] 比如张维为。值得注意的是,萧功秦明确表示:"张维为是我多年的朋友,他的不少理念我都赞同。"参见萧功秦:《超越左右激进主义——走出中国转型的困境》,浙江大学出版社 2012 年版,第 78 页。

第三章　论新权威主义

就是新权威主义,但是,就理论建构而言,新权威主义果然是中国未来的发展方向吗?

一、思想要义与历史发展

首先面临的问题是,究竟什么是新权威主义?

就其诞生之初,新权威主义指的是在传统社会向现代社会转型的过程中,存在一个政治性的权威,由此社会得以保持稳定。这个政治性的权威一方面保障社会稳定,另一方面大力发展经济建设。等待经济发展达到一定程度,再功成身退,实行民主。必须注意的是,在这个界定中,所谓的社会是一种宽泛的说法,主要指的是国家。但由于当时萧功秦并未严格区分国家和社会,因此这种提法问题不大。

由此可见,早先,新权威主义包含三阶段:第一阶段,政治性权威的存在,不容置疑;第二阶段,大力发展经济,也是不容置疑;第三阶段,推行政治民主,毫无保留。

不过,随着思想的发展,新权威主义的三阶段论演变为四阶段论。萧功秦指出,中国发展的道路是,"先通过威权体制这只看得见的手,实现经济转型与资源整合,在市场经济发展起来以后,再不失时机地培养社会的多元整合机制。让公民社会、地方自治、公民舆论监督力量、民间文化等多元因素,来辅助政府一统整合,用以分解、减轻国家威权整合的沉重负担。让公民教育、公民文化、公民道德、公民社会在社会百花园内自然地健康地培育出来。公民社会形成的文化与人生将有利于社会的下一步民主化大转型。"[1]可见,其中的四阶段是:第一阶段,依然是政治性权威的存在;第二阶段,依然大力发展经济;第三阶段,在经济发展的基础上,建设公民社会,发展公民文化;第四阶段,由于公民在建设公民社会的过程中培养了沟通、妥协等能力,将这种能力运用到国家政治上,就是民主。萧功秦如此解释公民社会与民主能力之间的关系:"只有非政治性的公民社团充分发展了,公民在其中自然就会学到沟通、组织、谈判、协调的本领,中国人的公民意识、公民文化、妥协精神、谈判技巧、保护与实现自己利益的协商方式,都是在自治组织的社团中获得真正的学习实践的机会。到这时,民主条件才真正成熟。"[2]

很明显,后期的新权威主义比起早期来,更加现实。它解决了或者说试图解决一个重要的问题:从经济发展到民主政治这当中的转折何以可能?其中又包含两个层面的问题:一是政治性的权威为何愿意发展民主政治?在早期,其基点更多建筑在权威的善意的基础上;但在后期,虽然权威的善意仍然是重要的,但更加重要的是,"形势比人强",经济建设大力推进之后,所造成的时势使得权威箭在弦上不得不发,必须实

---

[1] 萧功秦:《超越左右激进主义——走出中国转型的困境》,浙江大学出版社2012年版,第75—76页。

[2] 萧功秦:《超越左右激进主义——走出中国转型的困境》,浙江大学出版社2012年版,第11页。

行民主政治。这当中的一个要紧环节就是公民社会、公民文化的培养。第二个问题是,民众民主的能力从何而来?也就是说,即便权威愿意实行民主,如果民主的能力不足,善意便不能实现。可见,如果没有公民社会、公民文化建设的环节,新权威主义将陷入20世纪初改良派和革命派的争论而难以自拔,这个争论就是,在民智不足的情况下,民主何以可能?虽然当时章太炎提出了光辉的"竞争生智慧,革命开民智"[①]的观点,但在现实的政治实践中很快被淹没了,真正发挥作用的是孙中山的训政说。而训政说的实质就是在缺乏培养民众政治能力的情况下,先知先觉者发挥教育者的作用,这个权威用传统的话来说,就是君师合一,而不仅仅是政治性的权威。但孙中山的训政说从来是其思想中饱受诟病的一个不足。

由此,萧功秦甚至表示,如果说20世纪他的思想主张是新权威主义,那么,在新世纪,他的思考重点逐渐转移到如何建设公民社会、发展公民文化上来。"我对中国未来的方向的看法,更强调以公民社会为基础,来发展中国的民主。中国的民主一定要以公民社会即公民自治为基础。"[②]

这只是萧功秦思想变化的一个方面。他还表示,现在他更愿意用"新保守主义"来表达其思想。"上世纪80年代后

---

① 冯契:《中国近代哲学的革命进程》,上海人民出版社1996年版,第181页。
② 萧功秦:《超越左右激进主义——走出中国转型的困境》,浙江大学出版社2012年版,第8页。

期,我提出新权威主义,可以理解为新保守主义的前身。"[1]记者如此描写萧功秦:"现在,他更愿意被称为'新保守主义者'。"[2]这个思想的内涵就是上文所说的四阶段;同时,还必须提出的是,在新保守主义的框架内,传统的力量得到了高度的肯定。"'新保守主义'的核心理念:……是一种对激进政治的反动而出现的,主张在保持现存秩序的历史连续性的基础上渐进地推进变革的现代化思潮。"[3]"我谈的新保守主义,就是尊重历史连续性。"[4]借用萧功秦心仪的严复的话说,即,"非新无以为进,非旧无以为守"。[5] 可见,思想内涵的变化导致思潮名称的变化。萧功秦也表示,新权威主义已经不能规范其思想了。

不过,笔者以为,相对于新保守主义的提法而言,无疑新权威主义更能凸显萧功秦以及这个思潮的特征。为什么?因为,作为一个名称的"新保守主义"其实在学界具有较为固定

---

[1] 萧功秦:《超越左右激进主义——走出中国转型的困境》,浙江大学出版社2012年版,第8页。
[2] 萧功秦:《超越左右激进主义——走出中国转型的困境》,浙江大学出版社2012年版,第77页。
[3] 萧功秦:《超越左右激进主义——走出中国转型的困境》,浙江大学出版社2012年版,第77页。
[4] 萧功秦:《超越左右激进主义——走出中国转型的困境》,浙江大学出版社2012年版,第101页。
[5] 转引自萧功秦:《超越左右激进主义——走出中国转型的困境》,浙江大学出版社2012年版,第77页。当然,从笔者的角度看,严复的这句话究竟什么意思还需要再考量,此处暂且借用萧功秦的观点。

的内涵和指向,指的是对古典自由主义的复兴,在政治上以撒切尔夫人和里根政府为典型表现。因此,采用新保守主义很容易引起没必要的误解,不像新权威主义那般立场鲜明,壁垒森严。而一个思潮内涵的发展变化是天经地义的,没必要因此而变换旗帜。这种历史资源需要倚重。

然而,再次询问,萧功秦为什么要花费如此大的代价将新权威主义改为新保守主义呢?对于这个问题,其实可以从《超越左右激进主义》一书的第三部分获得解答。萧功秦敏锐地看到了现代人的精神世界的建设问题的重要性。可是,在原先的新权威主义的三阶段论中并无这个任务,在四阶段论中也没有将此任务突出。萧功秦看到了传统文化的积极作用,提出要用传统文化为我们的精神打下根基。可是这么一来,新权威主义又如何与文化保守主义划清界限呢?也许从某种角度看,新权威主义的发展越来越与自由主义和文化保守主义合流。① 对此,下文继续申说。

二、回应社会思潮

立足新权威主义,萧功秦对当代中国的其他社会思潮进行了积极的回应。他指出,新权威主义主要有三个批判对象:"一是西化自由派;二是激进的极左派;三是极端的民族主义

---

① 新权威主义和自由主义的合流的一个表现就是"新保守主义"概念的提出,这种混淆不容忽视。

和国家主义。"①但是，毋庸置疑，萧功秦还肯定了某些社会思潮，比如宪政社会主义、文化保守主义和温和的民族主义。下面对之简论。

首先交锋的大概是西化自由派。这是萧功秦的说法，我个人认为应当以中国自由主义的称呼来得更加适当。其代表人物无疑是当初去萧功秦家劝说的许纪霖和朱学勤。自由主义以权利为首位，追求普世价值。从长远角度看，新权威主义并不反对自由主义的某些内涵，甚至关键内涵。问题在于，新权威主义更加关心在当今中国的实际情形下，政治自由如何实现？与新权威主义的后期转变相应，它还关心民主政治的传统基础问题。虽然中国的自由主义时常试图在中国传统文化中寻找积极资源，以开出现代民主政治来，这点在作了《〈庄子〉评点》《〈老子〉评点》的严复那里也是很明显的，但是，这种追根溯源的做法与其说是老树发新枝，不如说是以西解中，其中难免存在过度诠释的问题，甚至难以避免如下争论：虽然中国古代已经有了自由主义的根芽，但既然西方的发展得更好，那又何必因陋就简呢？就此两点而言，新权威主义就与自由主义相异。简而言之，一方面，后者绝不承认权威对于民主政治建设的首要地位；另一方面，自由主义并不认为回归传统

---

① 萧功秦：《超越左右激进主义——走出中国转型的困境》，浙江大学出版社2012年版，第9页。注意，萧功秦认为这三个批判目标属于新保守主义，不过，由于上文所说的原因，我们还是将新保守主义称为新权威主义。

是必须的,许纪霖甚至认为这种古典主义的倾向是自由主义需要积极回应,在自身的理论框架内加以解决的,这种解决,主要是发展出整全性自由主义来,而不是将关注点聚焦于政治自由主义。①

其次受到批评的是"文革左派",又叫"极端左派"。他们固然肯定民主、平等等现代价值,但主张回到毛泽东时代,美化"文化大革命"。就其对民主的肯定而言,新权威主义与之也有接近之处,但是,对于如何实现民主、民主的内涵而言,两者存在巨大的差异。"极端左派"的民主建筑在低水平的经济发展的基础上,以民众广场式的非理性释放为民主的内涵。而新权威主义的民主是以经济的发展为基础,它的民主是在公民社会中逐步培养的,是中道理性的。

再次,新权威主义严厉地批评了(新)国家主义。那种措辞在萧功秦应对其他社会思潮时从未使用过,比如,历史的小丑,幼稚,等等。② 萧功秦指出,"新国家主义无疑是十分危险的社会思潮,它只会不断强化虚骄情绪,并进一步通过国防大投资,通过强化、曲解我们民族百年的历史苦难记忆,来作为对外扩张的精神资源,用'帝国主义亡我之心不死'来转移国内矛盾,消耗二十年来好不容易积累下来的财力资源,并引发

---

① 参见许纪霖:《当代中国的启蒙与反启蒙》,社会科学文献出版社 2011 年版。
② 萧功秦:《超越左右激进主义——走出中国转型的困境》,浙江大学出版社 2012 年版,第 177—186 页。

世界各国、尤其是邻国对中国的不信任、恐惧和敌对。"[1]这里面的关键是，新权威主义虽然强调权威，但它毕竟还主张发展经济、公民社会，最重要、最根本的目标是民主。但是，在国家主义那里，他们执着于权威而止，永远不肯实现民主。而且这个权威不是以其他形象出现，而就是以国家这个霍布斯笔下的"利维坦"的巨兽面貌行世。这就违背了新权威主义之"新"，违背了萧功秦等人的苦衷。而且，新国家主义的主张无端引起外人猜忌，影响新权威主义定下的三步走或者四步走战略，罪莫大于此。

　　第四得到回应的是文化保守主义，主要是现当代新儒学。显然，新权威主义将内涵更新为新保守主义之后，它对传统文化的重视更加非同一般了。从某种角度看，新权威主义和文化保守主义的志趣是相当接近的。不同之处在于，比起形形色色的文化保守主义来，新权威主义（新保守主义）的主旨更加明确。的确，新儒家、新墨家、甚至新子学等都提出来了，可是，这更多是一个空洞的符号，里面的具体内容是什么，尚待填充。于是，我们可以看到，在新儒家的名称之下，在现代有着梁漱溟的情理儒学、熊十力的唯识儒学、贺麟的"新心学"、冯友兰的"新理学"的差异；在当代大陆，则有着生活儒学、制

---

[1] 萧功秦：《超越左右激进主义——走出中国转型的困境》，浙江大学出版社2012年版，第76页。

度儒学、政治儒学的不同。而"新子学"更是出了厚厚两大本《"新子学"论集》[①]对这个概念展开讨论。可见,内涵的明确与否是新权威主义和文化保守主义的一个不同。另外一个不同是,必须看到,借用梁漱溟的话来说,新权威主义主要解决的是社会的问题,而没有兴趣就人心的困境展开思索。因此可谓政治新权威主义,而不是整全性的新权威主义。[②] 但是,这些更多是笔者的分析,就萧功秦本人而言,他高度认同儒家文化。他认为儒家文化是中国主流传统文化。这无疑是正确的。他认为中国要发展健康的民族主义,形成民族凝聚力,必须发挥儒家文化的积极作用。[③] 这种认同,笔者以为其中包含着新权威主义的基因密码,这点在第五部分加以展开。

第五,新权威主义高度赞扬宪政社会主义。宪政社会主义是21世纪兴起的社会思潮,顾名思义,主张在社会主义的框架内发展宪政。萧功秦也是以前所未有的态度赞扬这个思潮。[④] 不过,两者的差异也是明显的。按照萧功秦自己的描述,宪政社会主义还关注人的精神世界的建设问题,而这恰恰

[①] 叶蓓卿主编:《"新子学"论集》(第1辑)(第2辑),学苑出版社2014年版,2017年。
[②] 关于政治和整全性,请参见蔡志栋:《论"道家自由主义"三相》,《华东师范大学学报》(哲社版)2013年第2期。
[③] 萧功秦:《超越左右激进主义——走出中国转型的困境》,浙江大学出版社2012年版,第282—289页。
[④] 萧功秦:《超越左右激进主义——走出中国转型的困境》,浙江大学出版社2012年版,第170—176页。

是新权威主义所欠缺的。

第六,民族主义也是新权威主义回应的一大社会思潮。不过,和其他社会思潮不同的是,在某种意义上,民族主义是各个社会思潮的底色。所谓底色,并非说各个思潮所主张的民族主义是完全一致的,而是说,它们或多或少都会有民族主义的倾向。新权威主义从自身的思想立场出发,提出了自己的民族主义见解。要点之一:中国的民族主义是反应性的民族主义,是在外部压力影响下形成的民族主义,因此,它的强度和内涵也会随着外部压力的变化而发生变化。要点之二:新权威主义追求一种温和的、理性化的、中道的民族主义。在这点上,无疑它和新近流行起来的自由主义的民族主义有着某些相似性。从这两个要点可以看出,新权威主义严格地立足自己的思想立场。因为,新权威主义能够得以贯彻的一个条件是,国家和社会的稳定与秩序的维持。因此,如果强调中国民族主义的自发性,那么,和平的外部环境很可能丧失;但在自发的民族主义不能否认的情况下,显然必须主张规驯民族主义的不羁,否则,新权威主义得以实施的条件会化为乌有。

以上是从思潮的类型的角度展开新权威主义的回应。在萧功秦那里,他对社会思潮还有另外一种划分:政治浪漫主义与稳健主义[①]。萧功秦为此在提出新权威主义之后,在

---

① 稳健主义是笔者自己的提炼,和浪漫主义相对应。

1990年代花费主要精力批评政治浪漫主义。他认为,许多思潮都可以发展为政治浪漫主义,它是"西化自由派"和"文革左派"的共同特点。共同点在于,忽视中国当前的现实,仅仅凭借主观愿望提出愿景。而稳健主义则一方面肯定自由、民主、平等的重要价值,另一方面,坚决立足中国的现实。也许其主要代表就是新权威主义、宪政社会主义、以及部分文化保守主义。

无疑,新权威主义对同时代社会思潮的回应从一个侧面显示了自己的立场,勾勒了自己的理论脉络。也在交锋和对话中展现了思想的缝隙。

三、重新解释历史

新权威主义不仅确立自己的理论观点,不仅臧否同时代的社会思潮,而且,它以此原则回顾历史,得出与众不同的结论。

首先是对中国现代史的重新勾画。萧功秦提出了"五次战争、三次改革、一次革命"论。三次改革指的是洋务运动、戊戌变法、清末新政,萧功秦认为这是中国近代史的主线。而促成这三次改革的正是五次战争的失败:两次鸦片战争催发了洋务运动,中法战争和甲午战争驱动了戊戌变法,八国联军战争促发了清末新政。一次革命指的是辛亥革命。这种观点显然区别于革命史学的正统观点。革命史学认为,中国近代史的一条主线是反帝反封建,其中包含着两个过程:一方面是封建主义和帝国主义把中国变成半封建半殖民地的社会的过程,另一方面是中国人民反帝反封建的过程;包含着太平天国、义和团运动、辛亥革命等三大高潮。显然,在两种不同的解释中国近代史的框架中,革命史学虽然也不否认西方的刺激对于中国现代化的促动作用,但较多地把目光聚焦于中国本身的历史主体性,尤其是底层民众的历史主体性。整个中国近代史,就是中国人民在存亡绝续之际,自己发挥能动性,积极探索,寻找出路的过程。新权威主义的新的解释框架的重点却在权威集团面对外敌入侵所作的改变上。它的要点在于,正是权威的觉醒将中国带上了现代化之路,正是权威的消散使得中国陷入一团散沙的境地。因此,结论是,新权威主义是必要的。

其次是"急诊室效应"的提出和牛马之喻的复兴。"急诊室效应"是萧功秦自创的一个概念,用以描绘后发现代性国家的领导者面临的转型困境。后发现代性国家有如危重病人,进入急症室。这个时候,医生具有两个截然不同的意见。一个意见以为,既然已经病入膏肓,那就无药可救,最后只能等死;另一个意见以为,不妨置之死地而后生,进行手术。但现实效果也难免是死亡。真是进亦亡退亦亡。这个概念的提出形象地刻画了后发现代性国家的进退维谷的状态。所谓牛马之喻,来自严复。① 严复以这个比喻来说明全盘借用西方理路、走西方之路是不行的。众所周知,牛和马有不同的功用。牛要想获得马的奔跑功能绝非依靠单单更换成马的四肢就能办到,而必须同时更换骨骼、呼吸系统、消化系统,最后必须变成马而不能。这是为权威所面临的困难、从而为他们的失败做辩护。

再次是对众多历史人物的重新评价,目的还是确立新权威主义。

原先得到正面肯定现在在新权威主义的视野下被否定的是光绪皇帝、康有为、宋教仁等人。

一般总是认为,光绪皇帝支持变法,是代表着历史前进的方向的,在正统史学中总是得到充分的肯定,这种肯定甚至体现在众多的影视作品中,连琼瑶类的也不例外,当然还要搭上一个珍妃。但是,萧功秦指出,光绪皇帝不仅生养于深宫,严重缺乏人生经验,而且连基本的个人性格都有缺陷。这就导致在听闻中国危机情形之时举止失措,乱下圣旨。这里的关键在于,光绪皇帝作为权威是不合格的。

康有为无疑是维新变法过程中光绪皇帝的左膀右臂,也是变法的主要理论家和实施者。按照李泽厚的观点,康有为

---

① 参见萧功秦:《超越左右激进主义——走出中国转型的困境》,浙江大学出版社2012年版,第104—105页。

个体的时代

是近代中国少有的视野广阔、体系宏大的思想家。[①] 一般也总是积极肯定康有为在中国近代史上的正面价值。从中国近代哲学史的角度讲,可以不讲光绪,但必须讲康有为。不过,在萧功秦看来,康有为即便真如李泽厚所说,那也是他经历了戊戌变法失败、游遍海外之后的结果,在变法之初,康有为空有一腔热血,严重缺乏官场经验。这就导致他所推行的新政也许在内容上为中国所急需,但在操作上一厢情愿。换而言之,康有为并不能成为权威的智囊。

宋教仁是以革命派的面目出现的,他的被刺总令人唏嘘不已。但是,在萧功秦看来,宋教仁也未必充分认识到了权威对于中国现代转型的积极意义。在孙中山将大总统之位让给袁世凯之后,以宋教仁为代表的国民党内心不服,力图在政治体制上钳制袁世凯,于是就有《临时约法》的诞生。萧功秦认为,这部为宋教仁主创的《临时约法》并非什么宪法精神的体现,什么民主政治的象征;它严重地削弱了总统的权力,必然引起拥有军事实权的袁世凯的反弹。换而言之,宋教仁是中国现代转型的障碍,而不是殉难的推进者。

与以上观点形成鲜明对比的是,原先被严厉否定现在在新权威主义的视野下被积极肯定的是慈禧、袁世凯等人。

---

① 李泽厚:《中国思想史论》(中),安徽文艺出版社1996年版,第737页。

第三章 论新权威主义

慈禧,从来是作为历史的反派角色出现的。她的罪恶罄竹难书:挪用军费,扼杀变法,井沉珍妃,毒毙光绪,推延立宪……但是,萧功秦指出,即便这些都是真的,我们也不能忽略一个事实:清末真正能够成为政治性权威的人当中,慈禧是第一个。她在位四十多年所形成的威望是一笔不可轻易舍弃的财富。忽略了这点,极易使中国陷入四分五裂。何况,在庚子之变中,慈禧尝遍苦楚,深知民生艰难,已下定改革的决心。简而言之,慈禧是清末将中国这辆沉重的牛车推上现代化轨道的最佳人选,她的病逝不是中国人的幸运,而是丧失了现代化转型的一大良机。

慈禧逝世之后,当时能够继续推进中国现代化进程的唯有袁世凯。当然,萧功秦也认为袁世凯称帝绝对是失策之举。但相对于其他史学家贬低袁世凯,新权威主义还是给予了袁世凯很高的评价。根本原因在于,袁世凯是慈禧之后中国真正的权威。

新权威主义的这种史论结合的做法当然有其长处,其意义也是很明显的:那就是借助于历史论证自身理论观点的正确性。萧功秦反对以政治意识形态为主导的浪漫主义史学,主张"解释史学"和"新实证主义史学"。所谓新实证主义史学,就是依据扎实的史料作出扎实的结论,而不是根据意识形态的需要剪裁历史。所谓解释史学,就是将历史上的各个方面、各个阶段用某种原则加以贯穿。借用章学诚的话来说,即

"通者,由此及彼之谓也;通者,通天下之所不通也"。[1] 显然,浪漫主义史学在这方面是有其特长的:它能够用一个或者若干个原则成功地贯穿历史,但代价很可能是对历史的歪曲。因此,新权威主义主张的解释史学是和新实证主义史学紧密结合在一起的。由此,我们也就能够理解为什么萧功秦会将有着严重自由主义倾向的高华引为知己,因为高华正是"新实证主义史学"的杰出代表。[2]

四、三大质疑

新权威主义的优势不言而喻。它密切联系中国实际,比起其他民间社会思潮来,更加与主流政治体制相一致,容易获得体制内或明或暗的支持。并且,它指示了民主的发展方向,容易赢得民众同情。但这两条道路显然会逐渐分裂。根据以上概述,新权威主义面临着三大质疑:

第一,理论上的不足。包括它如何与文化保守主义真正严格地区别开来,换而言之,提出自己的解决人心的方案,而不是借用别人的方案。在这点上,自由主义反而积极应对古典主义的复兴,而新权威主义却与古典主义合流。这种合流还有一个隐性的层面,这与它在理论上的一个致命的缺陷有

---

[1] 萧功秦:《超越左右激进主义——走出中国转型的困境》,浙江大学出版社2012年版,第200页。
[2] 萧功秦:《超越左右激进主义——走出中国转型的困境》,浙江大学出版社2012年版,第331—341页。

着密切的关联。这个致命缺陷就是,新权威主义无法说明为什么权威会推进民主。

不能说萧功秦没有认识到这个问题。上文也已经说明,当新权威主义从三阶段论发展为四阶段论时,其中一个动因就是试图解决权威和民主之间的关系的问题。他的意图是,一旦权威推进经济建设,经济建设促进公民社会的成熟,那么,民主的产生就不能避免。上文也指出,这种四阶段论比起完全建筑在权威的善意基础上的民主有了更多的机制的保障。可是,这里要说的是,由于人性化的权威的主体性过强,他的善意又很难保障,即便他愿意推进经济建设,他是否愿意以同样的热情推进公民社会的建设,还是一个问题。事实上,萧功秦在《超越左右激进主义》一书中多次提到的很多官员对公民社会的片面理解("公民社会陷阱论")[1]就是一个很好的例证:证明权威和公民社会之间的关系并非天然良性的。萧功秦认为,公民社会具有两种类型。英美传统中,由于历史缘故,它们的公民社会和国家处于对抗关系之中。很多官员仅仅从这个层面来理解公民社会,因此对它怀有敌意。这就阻碍了民主的培育,使得权威体系迟迟不能走向民主。但是,萧功秦指出,公民社会还有另外一种类型,此即和国家处于合作关系之中的公民社会,它的重要功能就是在小范围内

---

[1] 萧功秦:《超越左右激进主义——走出中国转型的困境》,浙江大学出版社2012年版,第15页。

培养成员的民主能力,为他们在国家事务上的民主运作打下基础。

愿望良好。我们甚至能够从中看出梁漱溟当年进行新乡村建设时的初衷。梁漱溟认为中国人不会商量着办事,也即缺乏民主的能力。而新的团体就是能够培养这个能力的,新乡村建设就是塑造新团体的入手处。这种相似性促使我们进一步探寻,笔者发现,新权威主义和中国古代的仁政说、民本论在结构上、精神上高度相似。

仁政说以仁心论证仁政,认为正是君主的一念之善推己及人,使得他能够实行仁政。而仁政的内涵主要有三项:政治上的适度放开,但以不问禁脔为底线;经济上大力推进,尤其关心"五十者""七十者"的生活质量,使他们能够吃上肉、穿上绸缎;在教育上也大力推进,不搞愚民政策。[1] 这不正是古典时代的开明专制吗?这不正是古典时代的新权威主义吗?也许唯一的区别在于,新权威主义还设定了民主的目标,但是,仁政是以王权的稳固作为起点和终点的。

虽然我们应该在一定程度上肯定仁政,但是,它的要害在于,根本上否定了民众的政治主体性。这点,从严复开始,梁启超、陈独秀等中国近现代史上的著名思想家都展开了严厉

---

[1] 参见吕振羽:《中国政治思想史》,生活·读书·新知三联书店1955年版,第191—197页。这个观点也为很多研究儒家仁政的著作继承。著名的比如刘泽华:《中国政治思想史集》(第1卷),人民出版社2008年版,第252—272页。

的批评。① 当然,就新权威主义设定了民主目标而言,它没有完全否定民众的政治主体性,反而是想方设法确保这种政治主体性的实现。但能否最终实现呢?要回答这个问题,必须回到仁政说,考察它的另外一面,此即对君王的权威的无上肯定。注意,从孟子开始,对仁政的论证就是建筑在仁心的基础之上的。换而言之,一念之仁成了建设仁政的根本支点,宛如撬动地球的一根细细杠杆。

然而,这根杠杆随时会断裂。人心叵测是古来的真理,也为我们的经验所一再证实。就新权威主义所喜爱的重新解释历史而言,我们也能找到相应的证据。最佳证据也许莫过于袁世凯。无论如何,袁世凯的称帝是愚蠢之举。可是,他为什么要称帝呢?从人心的角度看,恐怕必须承认一方面有一念之善,另一方面有一念之差。可是,在权威主义的理论构造中,如何确保一念之差不会发生,似乎一直是一个难题。

也许正是这种和儒家的仁政说的内在相似性,使得新权威主义(萧功秦)无论在对民族主义的内聚力的寻找上,还是在现代中国人精神世界的建设上,都不知不觉地主张回归传统文化,甚至导致了新权威主义内涵的变迁以及名称的改变

---

① 参见蔡志栋:《仁政之病——自由主义与马克思主义的批评》,《学术界》2014年第10期。

(变为新保守主义,见上文)。这也就是上文所说的新权威主义和文化保守主义之间的隐秘联系。

当然,就萧功秦的表述而言,新权威主义和仁政说表面上看还是有一点不同。如果说仁政说是以仁心为基础,所以包含着丰富的道德色彩。事实上,古典时代的君王之所以实行仁政,就是为了维护仁君的道德形象。但是,在新权威主义的视野内,"必须抛弃掉对个人的道德评价"。[①] 可是,这种区别是表面的。因为,强人政治、新权威主义的权威之所以会得到负面评价,因为他们身处现代,如果在古代,他们仍然会以仁君的形象示人。

另外还需要指出的是,萧功秦也明确指出,他不是肯定任何权威,而是肯定实行改革、推进民主的权威。[②] 问题在于,这个观点等于什么都没说。因为这里的关键是,权威如何与改革、民主联系起来?当中的机制还是没有获得详细的说明。能够改革、支持民主的权威当然在现代性的背景中受到赞扬,问题是,有一天他改变主意怎么办?

第二,新权威主义主张重新解释历史,做到了史论合一,但由于种种原因(比如第一大质疑的存在),它的解释可以是一家之言,而不是权威论断,这也就会影响其理论的成立。有

---

① 萧功秦:《超越左右激进主义——走出中国转型的困境》,浙江大学出版社2012年版,第113页。
② 萧功秦:《超越左右激进主义——走出中国转型的困境》,浙江大学出版社2012年版,第365页。

的时候,如果换个角度看新权威主义对历史的解释,很可能会得出相反的结论。比如,萧功秦以慈禧的过早逝世来说明权威对于中国民主政治的展开的积极作用,这个事例其实可以作反面的理解,即,中国的民主政治的命运居然系于慈禧一身,这是权威之弊还是权威之利?正是因为人性的权威喜怒无常、阴晴不定,所以,我们更需要某种长久的机制来避免这种无常的发生。当然,对于这个质疑,萧功秦也可以反过来说:目前的情形就是权威的存在,在这种情况下,我们当然要权威恒常一点。不过,权威的合法性如何始终是一个疑问。必须指出,这个质疑的重点不在如何看待权威,而在于如何看待历史。

比如,萧功秦认为,袁世凯当时之所以掌权,因为议会民主制度根本不可能进行下去,陷入了无穷无尽的党争,袁世凯以强人政治解决了现代化的困境。[1]但恐怕不是所有的学者都同意这个结论。

第三,他山之石是否果然可以攻玉?最起码,是否会犯为萧功秦本人所批评的西化自由主义水土不服的毛病?另外,对于西方的理论(主要是亨廷顿)和经验是否能够简单挪用?这些都是问题。

---

[1] 萧功秦:《超越左右激进主义——走出中国转型的困境》,浙江大学出版社2012年版,第112—113页。

个体的时代

第二节　章太炎并非新权威主义者
——读萧功秦《中国的大转型》

新权威主义是当代的一个主张,但正如上文指出的,为了论证其理论合法性以及渊源深厚,萧功秦会对中国近代思想史作重新解读。在其新作《中国的大转型——从发展政治学看中国变革》①中,萧功秦便认为章太炎是新权威主义、新保守主义的代表。

虽然章太炎说"要之代议政体,必不如专制为善"这番话,我们却不能把他看作是专制主义的拥护者。他无疑也批评代议制式的民主,也就是间接民主,但是他事实上主张的是直接民主。萧功秦对章太炎基本特性的评判是值得商榷的。

一

1914年1月7日,章太炎"身穿一领油烘烘的羊毛皮袄,脚踏一双土埋了似的破缎靴,手擎着一把白羽扇,不住的挥来挥去,又有光华华的一件东西,叫做什么勋章,不在胸襟上悬着,却在拿扇子那一只手大指上提着",一摇二摆来到大总统袁世凯府门前,大骂袁氏包藏祸心,想要做皇帝。不料还是政

---

① 萧功秦:《中国的大转型——从发展政治学看中国变革》,新星出版社2008年版。

第三章　论新权威主义

治斗争经验缺乏了一点,被袁世凯的手下轻轻一哄,就骗到龙虎胡同软禁了起来。随后迁移到龙泉寺。一关就是三年。这就是发生在章太炎身上除了"苏报案"之外轰动海内外的另一件大事。无疑,章太炎到袁世凯家门口大骂,显然比抽象的全国人民的指责声更能显示时代氛围以及个人心性的。

章太炎大概难以预料,很多年后有人会说他是中国近现代思想史上激进主义的滥觞,也有人说他是文化保守主义的重镇。不过,他早年从古文经学的立场出发,反对康有为的今文经学,顺便把孔子也骂了,所以称他为激进主义的一个思想源头他勉强也能接受;由于晚年他的确安心地做国学大师,认为一个民族的历史文化是无比重要的,是国家的"国性"所在,所以称他为文化保守主义团队当中的一员甚至是元老级人物,他二话没说就会点头承认。可是,他大概难以预料,近百年后萧功秦先生将他和严复、梁启超等一道被归入"新保守主义(新权威主义)"的名下。

在与《中国时报周刊》记者的谈话中,萧功秦明确说:"我认为,自二十世纪初期以来,严复、梁启超、康有为与后期的章太炎,都可以看作是在与近代激进主义论战过程中出现的最早的新保守主义者。"在萧氏新著《中国的大转型——从发展政治学看中国变革》中,他有意无意地把章太炎和严复等人归为一类。譬如,在批评完代议制与中国国情不合之后,萧先生写道:"这就是为什么严复、章太炎这样的先进知识分子都会

由于对议会制的失望而认定,当时中国需要的不是华盛顿与卢梭,而是克伦威尔与张居正的原因。"(第258页)

对此,章太炎大概会表示反对:难道我骂袁世凯白骂了?毕竟,严复无论从其思想发展的内在逻辑使然,还是受了别人引诱,他对于袁世凯称帝表示赞同是一个不折不扣的历史事实。然而,袁世凯称帝之时,章太炎还在坐袁世凯的大牢。

二

当然我们也要批评章太炎本人。他虽然骂过袁世凯,但在这之前他心安理得地做过袁世凯任命的东北三省筹边使。他骂袁世凯时带着去作扇坠的大勋章也是袁世凯授予的,当初他还笑纳了。除此之外,他最授人以柄的,莫过于曾经在《代议然否论》等文章中表达对代议制的批评以及对专制制度的赞赏,他甚至说:"要之代议政体,必不如专制为善。"[1]

而所谓新保守主义(新权威主义),简而言之就是以现代化为导向(尤其表现为市场经济)的权威政治,它并不简单地排斥民主,但是认为在条件不成熟的状态之下提倡民主、甚至推行民主(尤其是广场式的民主)会导致整个社会失序,引起的后果是不仅原先所一意追求的民主目标未能实现,而且现代化的市场经济所带来物质生活的丰富性也将告一段落。章

---

[1] 《代议然否论》,《章太炎政论选集》,章炳麟著,汤志钧编,中华书局1977年版,第461页。

第三章 论新权威主义

太炎的经济观点如何不是我们这里讨论的重点(基本上他也主张现代化的经济政策);关键是,章氏对代议制民主的批评和对专制的某种强调在一定程度上无疑显示出他和新权威主义的相契之处。从这个角度说,他被解读成新保守主义的一员也事出有因。

不过,虽然章太炎说了如上这番话,我们却不能把他看作是专制主义的拥护者。他无疑也批评代议制式的民主,也就是间接民主,但是他事实上主张的是直接民主。虽然他会赋予总统以极大的权利,但是,这个权利不是来源于天授,也不是来源于议会,更不是来源于总统本人手里掌握的杀人利器——军队,而是来源于全国人民的直接民主。

章太炎之所以反对代议制民主,一部分原因萧功秦已在其书中多次提及,即,代议制民主是外来的文化,不是中国土生土长的文化。所以,在中国的土地上引进代议制,就像在牛身上安上马腿。但是,在牛身上安上马腿并不能保证牛跑得像马一样快,所以,牛要跑得像马一样快,必须也将自身的骨骼、肌肉以及全身各个系统置换成马的结构和要素,也就是说,丧失牛之为牛的所有规定性。的确,章太炎也从这个角度来论证在中国实行西方的代议制民主之不可能。可是,他批评了民主的实现形式(代议制),却没有舍弃民主的精神实质,那就是对个体人格的重视。代议制之所以需要批评,除去它是外来的之外,还有更关键的一个原因,那就是更多的普通民众在代议制的形式下失去了民主的权利。可见,章氏批评代议制并不能成为他赞成新保守主义的证明,因为他接下来并没有向着那个方向前进,恰恰相反,而是向着相反方向前进,即主张直接民主制。对于这个问题,熊月之在其专著《中国近代民主思想史》(修订本)论述章太炎的章节中给予了辨析:章氏主张的其实是"不设议员,实行直接民权";认为章氏鼓吹专制是一种"误解"。

章太炎有一句名言:"个体为真,团体为幻。"[1]这句话是他强调个体精神最有力的佐证。从这个立场出发,他反对包括国家在内的所有群体性的权威。当然,这句话也包含着对于个人权威的肯定,从这个角度看,它也可能走向个人性的新保守主义。可是,首先,由于这里的"个人"不仅仅指当政者个人,而且包括了所有的普罗大众,所以它是复数的。无疑,在每一个人都是权威的条件下,谁也做不了个人权威;其次,当政者(比如总统)的合法性在于直接民主推行的结果,而不是因为他是武装力量的头。

三

可见,与其说章太炎是新保守主义者,毋宁说他是一个政治上的自由主义者,而且比一般主张代议制的自由主义者更

---

[1] 《国家论》,《章太炎政论选集》,章炳麟著,汤志钧编,中华书局1977年版,第360页。

加自由主义。当年密尔写出《代议制政府》,为代议制式的民主作辩护,认为代议制是现代民族国家条件下唯一的、最好的民主形式。可是章太炎偏偏要主张直接民主,而且是在中国这个地大物博、人口众多的土地上实行直接民主。不必多说,他面临着重重困难。但他至少想出了两大法宝加以克服。

首先需要确认的是,民主只有在民主的实践过程中才能真正为人民所掌握。但是,当时的中国人民还是没有掌握实行民主的技能。萧先生在书中举了大量的例子来说明这个问题,比如,作为民主制的精英的议员不仅业务素质不高,道德水平也有问题。他们吃了甲党的饭,又拿乙党的钱,同时向两家(事实上是更多家)许诺投他们的票。那么普通民众的水平如何也是值得怀疑的。章太炎也早已看到了这个问题。但是,他反问:因此而不要民主,还是在实践中让人民掌握民主?他的回答是后者。1903年,他在和康有为关于在中国实行立宪还是革命的论战中,就把这个基本原则和盘托出。针对康有为认为中国人民蠢笨、愚昧,所以不能马上实行革命,必须经过君主立宪这一环节的观点,他说:"人心之智慧,自竞争而后发生,今日之民智,不必持他事以开之,而但持革命以开之。"哲学家冯契把它概括成"革命开民智,竞争生智慧"。也就是毛泽东常讲的"在游泳中学会游泳""在战争中学会战争"。事实上,今日中国遍地实践的村民自治就是"在民主中实现民主"的现实实践。虽然不时传出竞选者贿选的丑闻和闹剧,但农民的民主意识无疑在逐步苏醒、提高。

其次,章太炎虽然主张直接民主,但是他并不赞成广场式的、运动式的民主。他的民主可以说是一种稳健的直接民主,他提出"联省自治"的方式来解决在地广人多的中国实现直接民主的困难。所谓"联省自治",其实质就是一种联邦制。其要义简而言之即在各个省内部先实现直接民主,推举出最高长官,然后由最高长官推举出全国总统。我们需要承认,这种做法的确有流于军阀割据的危险,这是需要警惕的;同时,由于中国的省的范围还是太大,人口还是太多,实行直接民主依然困难:从这个角度看,"联省自治"不是一种好方法。但是,我们在此强调的是"联省自治"主张所透露出来的制度创新和中国式的智慧。前面说过,尊重每一个个体的权利是章太炎思想的核心,问题在于如何在现实的制度构造中实现这个原则。代议制不可以,专制也行不通,直接民主直接在全国范围内实行也不行,那么,就需要在坚持精神实质的前提下进行制度创新,逐步、稳健地将精神现实化。事实上,以村为单位实行村民自治,就是将这种制度创新和直接民主的精神贯彻落实。当然,也许萧先生会认为这么一来会落入理性建构主义的陷阱。但是,实际上由于任何制度的创造和使用都包括了人的参与,而人无疑是有意识的。因此,很难从任何一种制度中清除出理性的因素,而有理性地参与和理性建构主义显然是两回事;而且,由于有着小范围的实践原则的支持,所以这种方式有着萧先生赞赏的小范围、多元化、稳健等特点。

四

章太炎不是一个新保守主义者,但其思想提供了很多有助于当下政治实践的洞见。他特别强调外来制度对于本土的适应性问题,反对不分青红皂白引进西方制度。但是,这是不是说任何制度创新都是需要反对的呢?是不是说由于中国有着漫长的专制历史,所以专制就有着不容置疑的合法性呢?即便从章太炎的文化保守主义的立场来看,他也突出和显示了创造对于文化保守和延续的重要意义;而在其对传统的创造性的诠释中,个人主义精神居然是中国传统文化的精髓。民主精神俨然就在传统之中。

中国传统文化中是否只有支持新保守主义的因素?章太炎是一个文化保守主义者是否意味着他必然也是一个新保守主义者?章氏明确地表示,他学问的宗旨是"自贵其心",是"依自不依他"。说得简单点,也就是根深蒂固的个人主义精神。这种精神充分地体现在孔子、陆王心学、禅宗、法相宗等传统文化之中。因此可以说,即便是从文化保守主义的角度展开论证,我们也不能得出新保守主义的结论。因为中国的传统文化中虽然没有构成西方自由主义的文化背景,但是其个人主义的精神并不缺乏。也就是说,章太炎不仅仅在近现代的现实处境中通过制度创新来勾画直接民主制,而且,他通过创造性地诠释中国传统文化来为直接民主制的个人主义精神辩护。

总之,如果要为章太炎定性,显然不是新保守主义所能规范的。但今日已经不是一个简单的定性、表态的时代。新保守主义的稳健性是其突出的长处,章太炎的制度创新显然显示了这个特点;他还提出了实践原则。而总是从文化的延续性以及文化的保守性来为新保守主义作辩护似乎困难越来越多,因为归根到底人毕竟是人,其创造性是难以想象的。因此,我坚信中国人民能够凭借自己的聪明才智走出属于自己的道路来。萧功秦的这本书未尝不是当代负责任的知识分子的一种积极贡献。

第三节 《中国震撼》:新权威主义的新表达

张维为的《中国震撼》[①]出版以来,的确在中国国内震撼了一把。其书 2011 年 1 月第一次印刷,截至 2011 年 5 月已是第六次印刷了。[②] 2011 年上半年我参加多次学术会议,席间也多有同行在谈论这本书。基本上是好评如潮。可是,我

---

① 张维为:《中国震撼》,上海人民出版社 2011 年版。本节引该书只注明页码。
② 本节写作于 2011 年 9 月,参考的版本是该书 2011 年 5 月第 6 次印刷本。

第三章　论新权威主义

自从第一次阅读此书便有不同意见，作此节求教于读者诸君。

我以为，此书的最大特点并不是所谓"一个'文明型国家'的崛起"之类的说法，而是新权威主义在当下的反映。

所谓新权威主义，简而言之就是主张一个强势政府，由它来主导经济改革，从而用经济腾飞这一事实所具有的力量赋予其统治以合法性。这一思潮在1989年兴起，马上受到左右两方面的夹攻，其后除了萧功秦之外，几乎不再听见其他声音。萧功秦倒是一而再、再而三地进行撰述，为新权威主义辩护，前几年还出版相关专著《大国转型》。但是，除了他之外，几乎没有理论上的同好。现在张维为的著作出版了，思想界总算有了相同的呼声。

张维为可能不承认自己是新权威主义，因为在《中国震撼》一书中你找不到"新权威主义"这种提法。但这正是此书的巧妙之处。此书本质上还是新权威主义。之所以这么判定，因为此书符合新权威主义的两个核心要件：

第一，主张强势政府。张维为以"文明型国家"概括中国模式，认为中国模式具有八个特点，其中一个特点就是"强势政府"（第100页）。而"强势政府"是我们举全国之力实现大目标背后的支柱（第87页）。张维为对强势政府的肯定性态度是极其明确的。

张维为认为金融海啸起源于"民主典范"之美国，而且实行民主制度的美国居然对这场危机的爆发毫无察觉，他套用阿玛蒂亚·森(Amartya Sen)的句式,认为这就表明"这场危机是对信奉市场原教旨主义和民主原教旨主义者的一系列惩罚"(第95页)。针对中国的特殊情况,张维为认为,"民主的核心是体现人民的意志,实现国家的良好政治治理,而不是为民主而民主,为选举而选举。"(第85页)后面两句话无疑是正确的。民主不能流于形式化,而应该追求实质性内容。但反过来,也不能因为有了实质性内容就可以放弃民主。非民主之下也可能有幸福生活,但这种施舍的仁政和由民众自己争取来的幸福存在着质的区别,前者很可能由于统治者的一时情绪的变化、利益的计较而丧失殆尽。对此,陈独秀早就指出过,他说:"以行政言,仁政自优于虐政;以政治言,仁政之伤损国民自动自治之人格,固与虐政无殊。"[1]"人民要求君主施行仁政,是同样的劳而无功,徒然失了身份。"[2]还说:"王政之治乃一时的而非永久的。"[3]相反,"共和之治,乃永久的而非一时的。"[4]

事实上,现在国际国内学界颇热的"第三种自由"或者说

---

[1] 陈独秀:《再答常乃惪》,《陈独秀著作选编》(第一卷),任建树主编,上海人民出版社2009年版,第293页。
[2] 陈独秀:《上海厚生纱厂湖南女工问题》,《陈独秀著作选编》(第二卷),任建树主编,上海人民出版社2009年版,第228页。
[3] 陈独秀:《再答常乃惪》,《陈独秀著作选编》(第一卷),任建树主编,上海人民出版社2009年版,第293页。
[4] 陈独秀:《再答常乃惪》,《陈独秀著作选编》(第一卷),任建树主编,上海人民出版社2009年版,第293页。

"共和主义的自由"思潮正是应对此种将民主等同于良政的民主观而生。自从以赛亚·伯林(Isaiah Berlin)提出两种自由以来,"积极自由"和"消极自由"成为了某种自由原教旨主义。但是,敏锐的学人如剑桥学派昆廷·斯金纳(Quentin Skinner)、澳大利亚政治哲学家佩蒂特(Philip Pettit)等人,意识到所谓消极自由内部也有区分。伯林的消极自由指的是"免于干涉的自由"(freedom as noninterference)。可是,如果存在专制制度,帝王由于种种缘故(比如心情好)不来干涉你,那也是一种消极自由。毋庸置疑,这种自由随时可能被剥夺,主体在享受这种自由时也胆战心惊,害怕随时会降临的压迫。在这个背景下,"第三种自由"应运而生。它也是一种消极自由,指的是"免于支配的自由"(freedom as nondomination),明确将专制统治者按照己意随意支配民众的可能性剥夺干净。"良政"当然比"恶政""劣政"好,但是,它的一个先天不足是,它将政治之好坏完全系于统治者的能力和个人之喜怒哀乐上。因此,所展现出来的良政很可能只是统治者一时心情愉快的产物,如果统治者翻手为云覆手为雨,那么,良政立即消失,而代之以劣政,乃至恶政。在这个意义上,民主的程序相当重要,它至少表明,任何违背程序的善意都不可以施加于民众,更遑论是恶意了。

第二,强调以经济之飞速发展为先。这点,我们在上文论述萧功秦版本的新权威主义时说得很清楚:在新权威主义所

个体的时代

规划的三步走或者四步走之中,经济的发展永远是第一位的。近年来,中国经济迅速腾飞,张维为在书中举了大量数据来说明这点,我们也并无异议。

值得称道的是,张维为有意识地提及了中国经济发展之不平衡。在上海、北京、深圳等地快速发展的同时,中国的内陆、中西部地区的经济发展相对滞后。张维为甚至明确表明"中国的面积大,人口多,情况复杂,用全国平均数统计往往就面临这种尴尬。这很像天气预报……如果你预报中华人民共和国今天的平均气温为32摄氏度,那恐怕只有气象统计学上的意义了。"(第33页)

他早已意识到,如果他一味强调中国经济快速发展了,那么,必然有人会举出经济不发达地区来作反驳。为了应对这种可能的反驳,他提出了"1+1>2"的思路。其基本含义是,中国沿海发达地区是发达板块,相当于发动机;内陆不发达板块的确存在,但其不是负担,而是发动机的后援。用张维为的话说就是:"今天中国已经形成了一个大型的'准发达国家'板块和一个超大型的'新兴经济体'的板块。如果说前者的主要特点是现代经济、现代管理、现代研发、现代服务业,那么后者的主要特点就是巨大的规模效应和成本效应,两者的结合某种意义上就是质和量的结合。这种结合便产生1+1大于2的中国效应。"(第49页)这种观点轻易地消解了理论对手对"经济腾飞"为先的质疑。

第三章　论新权威主义

以上说明张维为所著《中国震撼》的实质是新权威主义。但是,此书的新颖之处在于,它不是对新权威主义简单的宣讲,而是某种巧妙的叙说。这种叙说是以"文明型国家"的提法为核心,而以其丰富的国际性阅历为佐料的。

张维为最独特的一招是提出了"文明型国家"的概念。他认为,"今天的中国已经是一个把'民族国家'与'文明国家'融为一体的'文明型国家'(civilizational-state)"(第64页)。他认为,作为一个现代国家,中国接受了现代国家主权和人权的主要观念。但是,同时,中华文明的种种特质又使它与众不同。它是将"文明"和"国家"结合成一个有机体。它和"文明国家"(civilization-state)不同,后者中的"文明"和"国家"是一对矛盾体;它也和"民族国家"(nation-state)不同。民族国家的动力是民族主义,它的恶性发展是现代无数战争的根源(第60页)。中国作为文明型国家,却以"和"为最大的追求,因此不主张冲突。总起来说,作为文明型国家的中国主要有八个特征:超大型的人口规模,超广阔的疆域国土,超悠久的历史传统,超深厚的文化积淀,独特的语言,独特的政治,独特的社会,独特的经济。

显然,"文明性国家"的提出在某种意义上是一种令人欣喜的中国化的话语,是试图不再在对中国进行分析时采用"民族国家"这样的西方话语的努力。这点必须肯定。时下很多对《中国震撼》一书的肯定也是从这个角度立论的。

个体的时代

现代民族国家(national state)和民族主义(nationalism)之间的关系绝非三言两语所能说清。两者有时是一回事,本质上都是说的现代国家的认同问题。一般而言,民族主义在不同历史阶段具有不同的表现形式,这些形式有时也是并列的。按照民族主义理论大家安东尼·史密斯的观点,民族主义有三种形式:种族主义,文化民族主义,以及政治民族主义(或称公民民族主义)[1]。顾名思义,种族主义以种族作为认同的象征。文化民族主义则以文化因素作为认同的象征。政治民族主义则以现代政治规范,比如民主、自由、正义作为认同的符号。换而言之,无论你是什么种族的,倾向于什么文化,只要你认同现代政治规范,你就是某个国家的成员。现代民族国家也因此得以组建、凝聚。可见,现代国家之所以为现代国家,它的核心认同标志不再是外在、显性的种族,也不必是文化传统(虽然这些也是认同的重要因素),而是现代政治规范。从这个角度看,质疑民主的现代国家是否还是一个现代国家,这点是一个巨大的疑问。

在我看来,从某种角度看,"文明型国家"概念的提出,与其说是扬弃"民族国家"范畴的一个努力,不如说是中国当代民族主义的又一次含蓄的反映。它的意图就在于,以一种新的提法凝聚国人之心,再次在国际上确立自身与众不同的形

---

[1] 参见[英]安东尼·史密斯著,叶江译:《民族主义:理论,意识形态,历史》,上海人民出版社2006年版。

象。其效果和明确以民族主义立命如出一辙。别的尚不说，学界对这种提法的热议就是一个典型的例证。因为通过"文明型国家"这个范畴，我们不仅找到了认同符号，而且找到了特立独行的认同符号。而民族主义的一个要件就在于对外凸显自身与其他民族的不同。

但是，这种新型民族主义潜含着某种危险。早已说过，现代民族主义是以现代政治规范作为认同象征。但是，这种"文明型国家"新型提法却将消解、乃至否定部分现代政治规范作为内在基础，并以这种消解、否定当作确立自身独特身份的合法性途径。在这个意义上，当我们为"文明型国家"的崛起而自豪之际，我们所追求的"政治文明"①这一目标很可能难以落实。这是需要我们予以警惕的。

当然，《中国震撼》一书提出的很多问题还是值得我们高度重视。比如，作者在讨论人权问题的时候，所提出的一个观点值得高度赞赏。他认为，解决民生问题，最起码是吃饭问

---

① 在党的十九大报告中，习近平总书记提出，"第二个阶段，从二〇三五年到本世纪中叶，在基本实现现代化的基础上，再奋斗十五年，把我国建成富强民主文明和谐美丽的社会主义现代化强国。到那时，我国物质文明、政治文明、精神文明、社会文明、生态文明将全面提升，实现国家治理体系和治理能力现代化，成为综合国力和国际影响力领先的国家，全体人民共同富裕基本实现，我国人民将享有更加幸福安康的生活，中华民族将以更加昂扬的姿态屹立于世界民族之林。"事实上，对政治文明的追求是我们的一个现代传统。习近平总书记2014年9月5日在庆祝全国人民代表大会成立60周年大会上的讲话，就对在新的历史起点上坚持和完善人民代表大会制度、建设社会主义政治文明，作出了战略部署。参见《努力建设社会主义政治文明》，http://www.xinhuanet.com//politics/2016-06/08/c_129048342.htm。

题,是人权的最基本的要求和表现。这点恐怕连自由主义者也要承认。因为无论你把自由权放到什么地位,生命权是基本的权利。而吃饭是维持生命的基本动作。还比如,作者提出相对于民主的程序,更要讲究民主的实质,提出了"良政"的观念。这种观点是有意义的。

第四章 人类命运共同体与"中国梦"

汹涌澎湃的中国当代社会思潮,其根本主题无疑是如何走向社会主义建设新阶段。"中国梦""人类命运共同体"的提法,既是当代中国社会思潮的一部分,从某种角度看,又构成了对当代思想史、乃至现代思想史的逻辑总结。而其内涵,则需要一番哲学审视。

因此,我们在写作的策略上,一方面扼要回顾这两个命题的提出背景、内涵;另一方面,又紧密联系现代中国社会思潮或哲学创造,在思潮和哲学创造的对话、互动中,显示出时代的主题。此正如黄河之水天上来,然最终结局仍然是百川归海。更加重要的是,在这两个命题之下,我们将再次回应当代社会思潮,提出现时代我们所需要的哲学的论纲。

有一个问题需要说明。一般认为"中国梦"说的是对内,"人类命运共同体"说的是对外。然而,我们认为,中国梦自然包含着如何处理国际关系的内容。由我们对它的哲学诠释可知,中国梦恰恰是对众多社会思潮的某种回应和总结。故此在结构上先论人类命运共同体,次论中国梦。

第一节 人类命运共同体:中国现代哲学的智慧
——兼论中国古典哲学的困境

2017年1月18日,习近平主席在联合国日内瓦总部作演讲,阐发"人类命运共同体"思想。[①] 事实上,2011年《中国的和平发展》白皮书就提出了"命运共同体"的概念,党的十八大报告也提出要倡导"人类命运共同体"意识。[②] "人类命运共同体"的提法为我们思考人类文明之间的关系构建了新的视野,迅速成为学界热点。然而,它首先需要应对的是"命运冲突体"之类的立场,后者的代表显然是亨廷顿的文明冲突论。

1993年,国际著名政治学家亨廷顿(Samuel P. Huntington)在夏季号《外交》期刊上发表了论文《文明的冲突》(The Clash of

---

[①] 《共同构建人类命运共同体——习近平在联合国日内瓦总部的演讲(2017年1月18日)》,2017年1月20日《人民日报》。
[②] 参见贺善侃:《"人类共同价值":人类命运共同体的价值基础》,为"命运共同体与中国哲学社会科学学术话语体系建设高端论坛"(上海哲学学会2017年9月23日)会议论文。

Civilizations)。一时引起轩然大波,国际学界、国内学界反响强烈。2001年9月美国本土发生的"9·11"事件似乎更是从直接的现实的角度印证了其理论的正确性。无疑,亨廷顿的文明冲突论一定程度上成为了学界论述的某种范式,加上"9·11"事件的刺激,当时的小布什总统脱口而出的新的十字军东征的话语,使得亨氏的理论成为此后多年各种学术主题不可摆脱的背景。此情此景,就像亨氏自己所骄傲宣称的,他的思想已经不知道成为多少学术会议、学术论文、博士论文等的研究主题。此说不谬。今日如果我们要讨论文明、宗教之间的关系,设若不同意亨氏的基本观点,那么必须提出能与之对话的立场。

中国学界也对之作出了回应。人们时常注意从中国古代哲学中寻找应对资源,然而,中国哲学界的天下主义观点以及试图用忠恕之道应对文明之间关系的观点,具有内在的致命不足。与之相对,我们提醒读者中国现代思想对解决文明之间冲突关系、构建人类命运共同体所具有的生命力,并以谭嗣同的仁学、蔡元培的世界主义为例加以说明。它们显示了中国现代哲学的创造,既启发着我们,又存在着自身的不足。"人类命运共同体"的提法则是对中国近现代哲学革命成果的继承,不可只看古典传统。

一、亨廷顿的文明冲突论

关于亨廷顿的文明冲突论,我们已经耳熟能详。这里需要说明的是,其所谓的文明和宗教关系高度密切,一定意义上可谓宗教的代名词。他把当今世界文明区分为七个或者可能中的八个:西方文明、儒教文明、日本文明、伊斯兰文明、印度文明、斯拉夫-东正教文明、拉丁美洲文明以及可能的非洲文明。显然,这种对文明的分类有点不伦不类。西方文明、日本文明、印度文明、拉丁美洲文明和可能的非洲文明采取的标准是地域;而儒教文明、伊斯兰文明和斯拉夫-东正教文明采取的分类标准则是宗教①,并且夹杂了民族的因素。在此,我们与其说亨廷顿逻辑混乱,不如说他试图高度突出宗教在文明中的重要地位。况且,他进一步认为,自从东欧剧变、苏联解体之后,意识形态的对抗已不是当今世界国际关系的主流,真正发生影响的是文明。文明之所以将成为冲突的分界线,亨廷顿提出的理由之一就是"世界经济的现代化进程把人们从地方属性中分开,而宗教起而填补了这个真空"。② 可见,当今世界,宗教之间的关系在一定程度上就是文明之间的关系的准绳。

亨廷顿为什么主张文明冲突论?回顾这么多年国内学界的回应,回答基本上集中在以下方面:为美国攫取世界利益创造理论口实。李翔海等学者一针见血地指出,文明冲突论

---

① 毋庸置疑,关于儒教是不是宗教学术界还是有争议的。此处暂且不论。
② 朱文莉:《亨廷顿文明冲突论要旨》,王辑思主编:《文明与国际政治》,上海人民出版社1995年版,第4页。

的实质就是利益冲突论,基本上代表了这种观点。不过,从理论的角度说,亨氏又是如何论证的呢?除了在其充分展开了文明冲突论的《文明的冲突与世界秩序的重建》(*The Clash of Civilizations and The Remaking of World Order*)一书之外,他的《谁是美国人?——美国国民特性面临的挑战》(*Who Are We? — The Challenges to America's National Identity*)一书中也从某些侧面透露了其主张文明冲突的原因所在。

(一)全球化的背景促使人们寻找新的认同(identity)标准,文明和宗教就是更广的标准。亨廷顿认为,所谓的认同,意思就是"一个人或一个群体的自我认识,它是自我意识的产物——我或我们有什么特别的素质而使得我不同于你,或者我们不同于他们"。[①] 他又承认,"认同"这个概念是有争议的;对个人和群体而言,认同的重要性是随具体情况而定的。比如,当一群心理学家在一起的时候,女性心理学家就以性别作为认同的标识;如果一群女性在一起的时候,就有可能以职业作为自身认同的标识。类似的,法国人和德国人相遇的时候,国籍就成为其各自认同的标识;如果他们和日本人相遇,所属的地域就成为认同的标识。"因此,全球化的过程会使个人和民族的更广的宗教与文明认同变得更重要,就是很自然的了。"[②]

---

① [美]赛缪尔·亨廷顿著,程克雄译:《谁是美国人?——美国国民特性面临的挑战》,新华出版社2010年版,第17页。
② [美]赛缪尔·亨廷顿著,程克雄译:《谁是美国人?——美国国民特性面临的挑战》,新华出版社2010年版,第19页。

然而,亨氏的这个论证思路相当跳跃,很不自然。全球化使得人们的相遇变得频繁,但为何不会特意突出自己的地域特色?地域未必和文明、宗教联系在一起。也为何不会突出自己的国家特色?法国人和日本人相遇,比起强调自己是欧洲人,对方是亚洲人,以国家作为认同标识显然会更加精确。亨廷顿的意思似乎是说,当一群人在一起的时候,人们一方面要突出自己和别人之异,另一方面又不能因此而孤立,所以要强调自己和他人之同;此时,法国人就要强调自己和德国人一样都是欧洲人,而和日本人不同。但这个论证还是相当晦涩。而晦涩产生的原因,或许就在于正如很多学者所指出的,民族国家(民族主义)至少和文明一样,也是当今世界冲突的分界线。但无论如何,亨廷顿试图从认同的角度强调文明冲突的合法性,显示了他论证的一个思路。

(二) 确立外敌对于发展自我具有重要的促进作用。单纯讲文明和宗教是认同的新标识还不会产生文明冲突论。文明冲突论的要害在两个地方:一是赋予文明以合法性,二是赋予冲突以合法性。亨廷顿认为,回顾美国的发展历程,它之所以发展得如此强大,和它总是在寻找敌人分不开。他认为,美国建国之初,美国人究竟以国家界定还是以党派、州、地区的身份而定处于竞争之中。然而,无论国民身份的地位如何漂移不定,形象低下,由于有着西班牙人、法国人、英国人以及印第安人在北美作为对手身份的存在,这个身份还是可以成

第四章 人类命运共同体与"中国梦"

立的。随着美国在 20 世纪 90 年代初成为唯一的一个超级大国,1837 年林肯的教导又回响在国人的耳畔:国无外患将带来严重的后果。"人之天性容易产生的、和平繁荣和自觉强有力的状态下如此常见的妒忌、怨恨和贪婪之心,当时很大程度上被抑制下去而不起作用,根深蒂固的仇恨之心和强烈的复仇之心不是用在彼此之间,而是完全指向了英国。"[1]也就是说,当外在的对手突然消失之后,国人将相互残杀。按照亨廷顿看来,美国内战产生的一个原因就是外在敌人英国的消失。正是有见于此,他主张以文明作为冲突的划界线,其意图很明显:将可能产生的国内冲突的力量引向国外,在意识形态的对峙消失之后,文明是一个不错的选择。国无外患将带来严重的后果是亨氏基本的理论预设。

自从 1993 年亨廷顿发表《文明冲突论》,二十年来国内的回应不绝如缕。[2] 我把这些回应按照写作者的身份分为三类:(一) 国际关系学者,(二) 民族学者和宗教学者,以及

---

[1] [美]塞缪尔·亨廷顿著,程克雄译:《谁是美国人?——美国国民特性面临的挑战》,新华出版社 2010 年版,第 89 页。
[2] 更系统的综述性研究请参见王缉思:《文明冲突论战评述》,王缉思主编:《文明与国际政治》,上海人民出版社 1995 年版。以及何璠:《试论中国学者对亨廷顿"文明冲突论"的研究》,华东师范大学硕士论文,2006 年。本文对十多年来中国学者的回应做了系统的梳理,具有一定的资料价值。可惜的是,该文较多地直接借用了他人的论述。或许,作为一篇综述性的文章这是难以避免的,但总归给人一种缺乏严谨态度的印象。文末的参考文献也似乎有意地忽略了作者实际上参考较多的著作。其实,只要比较王缉思的《文明冲突论战评述》和该文,很多事情一目了然。

(三) 中国哲学学者。相对而言,学界前期的研究主要发生在前两类学者之中。先前有相当一部分伊斯兰文明研究专家从其立场出发对亨氏的观点作出了回应。马小军认为伊斯兰威胁论是西方编织的一个政治神话。刘靖华指出：文明冲突的实质还是利益冲突。伊斯兰文明不是铁板一块,其中也有民族、国家利益作为主导。在现实上,亨廷顿其实受到了伊斯兰威胁论的深刻影响和刺激才提出文明冲突论的。[1] 和一味地强调亨廷顿的错误、伊斯兰文明的无辜不同,华涛在指出亨廷顿文明冲突论之不足的情况下,认为伊斯兰世界在文明对话方面的努力尚嫌不够,强调要在现代化的背景下开发伊斯兰文明的资源,对其不适应现代性的部分进行改造。他不仅仅看到了文明之间的冲突、对话等关系,而且看到了文明背后隐藏的现代性价值,这使得他的论述具有了哲学的思辨力。[2]

不过,有意识地从中国哲学的角度对亨氏的观点展开或明或暗的反应的著述似乎不多。但这并不意味着中国哲学界在这个问题上失语了。事实上,自从主流意识形态提出"命运共同体"的概念以来,中国哲学界异常兴奋,"天下主义"思想和忠恕之道观点可谓是中国古代哲学阐释"命运共同体"的重要资源,然而,它们其实存在着内在的困境难以克服。

---

[1] 马小军：《伊斯兰势力的扩张：一个政治神话》；刘靖华：《"伊斯兰威胁论"与美国利益问题》,两文均载王辑思主编：《文明与国际政治》,上海人民出版社1995年版。

[2] 华涛：《穆斯林社会与全球文明对话》,《回族研究》2006年第1期。

二、天下主义的危险

不知道从什么时候起中国学人喜欢谈论"天下主义"或者"天下体系"。从其用语来看,"天下"来自中国传统经典《大学》中的"正心诚意修身齐家治国平天下"。它之演变为"天下主义",和近年来中国学人所感受到的中国在国际上的处境和命运相关。从远处说,中西文明的大规模相遇在 1840 年就已发生,但由于当时西方文明采取了暴力的方式进入中国,中国人已不大有自信发挥其平天下的宏志。等到 1990 年代,中国的改革开放进入了新的历史阶段,中国人才重新捡拾其信心和勇气,开始讨论中国文化对于世界的贡献问题。正是在此背景下,人们发现了"天下"概念所具备的生命力,并且按照某某主义的套路,将之演化为"天下主义"。尤其面对亨廷顿提出的文明冲突论,学者们更加感觉到天下主义思想对于消解亨氏毒素的积极作用。事实上,天下体系的主张者赵汀阳便明确地以亨廷顿作为理论对手。[①]

不过,仔细思考天下主义思想,它至少存在三个方面的不足,使之难以成为文明冲突论的替代方案。

第一,天下主义是和封建时代的朝贡体系联系在一起的。

毋庸置疑,在其原始环境下,天下主义所涉及的天下,只

---

① 赵汀阳:《坏世界研究——作为第一哲学的政治哲学》,中国人民大学出版社 2009 年版,第 344 页。

是当时人们所能了解到的全部地理存在。在封建时代,掌权者之所以敢于主张天下主义,因为其所理解的天下乃是"普天之下,莫非王土"。在政治上,周边的小王国必须向他进贡表示服从,才能维持自身的延续。众所周知,中西方文明在明清时代都有过接触的机会,中国也有向世界敞开的历史机遇,但是,由于掌权者坚持朝贡体系的思维方式,虽然他们相信天下主义,可是,始终没能接纳西方文明,因为后者坚持国与国之间是平等的,不知道等级制的朝贡体系为何物。这个历史事例证明天下主义具有内在的局限。今日我们提倡天下主义,如何避免朝贡体系的思维方式,是一个需要重视的问题。当然,在外在的方面,我们早已放弃了朝贡体系的思维方式,可是,当我们提倡天下主义时,或隐或现地设定了某种中心。这个中心是谁呢?这种考虑不能不让别的国家、文明担心。当然,从"家—国—天下"的原始语境来看,天下主义可能蕴含着多元论的结论。因为在每一个领域,家、国都是多元的,天下主义强调的是从自身的家、国出发,最后达到天下的结局。但是,这种说法过于抽象,而且,它至少包含两个方面的内容需要处理:(一)多元论作为一种方式,对于处理各个文明之间关系的有效性;(二)从这样一种思路发展而来的天下,究竟是一种什么状态?而对于这两个问题的考虑,也是对于天下主义理解包含的题中应有之义。下文对此略作探讨。

第二,天下主义的一个思想来源是道家的自然主义,但道家作为解决现实政治的资源有其限度。

考察古典时代对于"天下"概念的看法,不仅儒家的经典《大学》把它作为核心范畴,而且,道家的经典《庄子》也专门有一篇《天下》。当然,更加值得重视的是当今学人对此的解读。相当一部分年轻学人对道家思想表示出莫大的兴趣,认为此中蕴含着解决当今世界文明冲突的良药,"药方只贩古时丹"(龚自珍语)。考察他们的言论,大都把天下主义和道家的自然主义联系在一起。其基本要义是说,尊重各个文明、国家本身的独立性,使其自然而然地发展,勿加干涉,天下就将达到完美的境界。

这种回答是有问题的。

首先,它漠视了当今全球化的现状。文明、国家之间的交流已经是一个不以人的意志为转移的事实,不可能让它们重新回归"鸡犬之声相闻,民至老死不相往来"的原始状态。

其次,在哲学上它涉及多元论,但多元论只是肯定了每一个个体的独立性,强调其自身的充足性,不假外求,对于各个个体之间如何相处,并未提供积极的答案。而且,对于处于交流之中的全球文明、国家而言,冲突在所难免,对此必须要有应对,需要某种超越的礼仪规范加以制衡。这就像荀子所说:"礼起於何也?曰:人生而有欲,欲而不得,则不能无求;求而无度量分界,则不能不争;争则乱,乱则穷。先王恶其乱也,故制礼义以分之,以养人之欲,给人之求,使欲必不穷乎物,物必

个体的时代

不屈於欲,两者相持而长,是礼之所起也。"(《荀子·礼论》)[1]只要我们把荀子所说的"人"换成文明、国家等群体性的组织即可。同时,对于荀子预设的"先王"的主张也持一定的保留态度,那么,荀子此话对于理解多元论的限度也是有帮助的。多元论必然产生互动,互动必然需要规范加以管理。问题的关键在于,道家从来绝圣弃智,蔑视礼仪规范。他们还是坚持着多元论,禁止多元之间发生互动。如果联系《庄子》对于沟通之不可能的强调(比如"濠上之辩""辩无胜"等故事[2]),这点可以更加明确。

第三,有的学者认为,天下主义是和大同说联系在一起的,而大同说本质上是一元论的思维的体现。

如果说天下主义的道家思想根源由于主张多元论而导致各个个体之间沟通的困难,那么,大同说却过于强调无障碍的

---

[1] 事实上,冯友兰也是将荀子的制礼论看作是应对道家的多元论的。参见冯友兰:《中国哲学中之民主思想》,《三松堂全集》(第十一卷),河南人民出版社2001年版。
[2] "濠上之辩"的故事如下:庄子与惠子游于濠梁之上。庄子曰:"儵鱼出游从容,是鱼之乐也。"惠子曰:"子非鱼,安知鱼之乐?"庄子曰:"子非我,安知我不知鱼之乐?"惠子曰:"我非子,固不知子矣;子固非鱼也,子之不知鱼之乐,全矣。"庄子曰:"请循其本。子曰'汝安知鱼乐'云者,既已知吾知之而问我,我知之濠上也。"(《庄子·秋水》)"辩无胜"的故事如下:既使我与若辩矣,若胜我,我不若胜,若果是也,我果非也邪? 我胜若,若不吾胜,我果是也,而果非也邪? 其或是也,其或非也邪? 其俱是也,其俱非也邪? 我与若不能相知也,则人固黮闇。吾谁使正之? 使同乎若者正之? 既与若同矣,恶能正之! 使同乎我者正之? 既同乎我矣,恶能正之! 使异乎我与若者正之? 既异乎我与若矣,恶能正之! 使同乎我与若者正之? 既同乎我与若矣,恶能正之! 然则我与若与人俱不能相知也,而待彼也邪?(《庄子·齐物论》)

沟通乃至混合为一而走向了天下主义本来试图避免的一元论思维。考虑到有的研究者①所揭示的亨廷顿的文明冲突论背后所预设的一元论,本来试图成为文明冲突论挽救途径的天下主义,实际上犯了与其对手一样的错误。

为什么说天下主义和大同说紧密相连？在《大学》里,人类社会的最高境界是走向天下;这个意思表达在《礼记》里面,就是大同:"大道之行也,故人不独亲其亲,不独子其子,是之谓大同"(《礼记·礼运》)。作为一个术语,"大同"的不足就在于他在追求"同"。

1990年代,费孝通一定程度上也主张天下主义,他说:"各美其美,美人之美,美美与共,天下大同。"费孝通的这个思想比起传统的大同说来有很多进步之处。"各美其美"强调了每一个个体、文明、国家等本身的独特性,并主张坚持、发扬这种独特性。在这个意义上,此话具有一定的多元论的色彩。但是,他并不因此而固步自封,排斥他者,而是主张"美人之

---

① 德国著名社会学家乌尔里希·贝克指出:"首先,世界主义根本性地区别于垂直划分的一切形式,在这些形式中,社会的他性被纳入一种等级化的支配-从属关系。这种关系一方面在社会内部体现出来,在一定程度上构成了社会的等级和阶级体制的基础。另一方面,人们还将此原则运用于确定同别的社会的关系。在这里具有典型意义的是,人们否定了'他者'的同类性和等值性,将其降低到从属和次要的地位。在极端情况下,他者甚至被贬低为不享有自身权力的'野蛮人'。不但前现代社会以这种方式处理同他者的关系,而且16世纪以后的现代殖民主义帝国也遵循这一原则。亨廷顿提出的文明概念和文明冲突理论表明,即使后民族的理论构想,对这种他性的等级制仍然念念不忘。"[德]乌尔里希·贝克著,章国锋译:《什么是世界主义?》,《马克思主义与现实》2008年第2期。

美",理解、称赞他者的长处。由于存在"美人之美",沟通也得到了肯定。自身之美和他者之美、或者自身之美和受到他者肯定的美相互共处,天下大同。实际上费孝通的这个观点既强调了每一个个体、文明、国家的独特性,又肯定了相互之间沟通的可能性,所以是多元论的积极的版本,而不纯粹是道家思想在现代的发展。

精益求精,我们能否换一个术语?唐君毅的"太和"概念可以借来一用。"太"和"大"是可以通用的。然而,"同"与"和"却有着天壤之别。中国古代"和而不同"的观点在今日处理文明之间的关系时还是适用的。只是有一点值得注意:古代的"和而不同"有时也会被理解成道家多元论的另外一种版本,缺点在于过分强调各自的独特性,而忽略、甚至否认了沟通的必要性和可能性。今日的"和而不同"则可以以费孝通的如上话语作为基础,只是将"天下大同"改为"天下太和"。这些都是有助于我们思考、建构"命运共同体"的。

三、忠恕之道:不足与转进

很多学者反对各种形式的文明冲突论,并且坚信中国的古典文化中蕴含着解决各种冲突、建构"命运共同体"的理论资源。如果说"天下主义""天下体系"还是今人的一种概括的话,那么,被誉为孔子"一贯之道"的"忠恕之道"则是原汁原味的中国古典思想。人们普遍认为它是解决冲突的一剂良方,然而,对此我表示怀疑。

"忠恕之道"原文是这样的:子曰:"参乎!吾道一以贯之。"曾子曰:"唯。"子出,门人问曰:"何谓也?"曾子曰:"夫子之道,忠恕而已矣!"(《论语·里仁》)具体来说,恕指的是"己所不欲,勿施于人"(《论语·颜渊》);忠指的是"己欲立而立人,己欲达而达人"(《论语·雍也》)。按照其直接的字面意思,恕说的是自己不喜欢的也就不要施加到别人身上;反之,忠指的是自己喜欢的,才可以施加到别人身上。在文明冲突的语境中,显然,如果不希望别的文明以某种方式对待自己,自己也不能以相应的方式对待别的文明;反之,自己喜欢以某种方式存在,那么,不妨也要求别的文明以相应的方式存在。从这样的解释中,我们已经可以发现一点问题的端倪。

儒学的出发点是相信"人同此心,心同此理",也即人和人之间都是一样的,所谓"性相近"也。忠恕之道也是建立在这个基础上的。但是,儒学恰恰在性相近之后还有另外一句话:"习相远。"即,在不同的文明("习")的熏陶下,人们的生理结构虽然是相同的,可是,心中之理未必一致。自己喜欢的未必就是别人喜欢的。直接在现实生活中贯彻忠的原则,不仅缺乏本体论的依据,而且在现实经验上也会屡屡碰壁。这样的事例不胜枚举。因此,以忠的原则来解决文明冲突的问题,有时难免产生好心办坏事的结果。

反过来,以恕的原则解决文明冲突,后果也可能不良。因为自己不喜欢的未必就是别人不喜欢的;由于自己不喜欢所以也以为别人不喜欢,其错误和贯彻忠的原则如出一辙,那就是预设了各个文明、个体之间毫无疑义的一致性。可是,目前的情况恰恰是文明之间发生了冲突,这个冲突本身便宣告实施忠恕之道的理论前提(彼此之间的相似性乃至一致性)出了问题。

可见,在逻辑上忠恕之道早已和文明冲突形成了紧张关系,何况在现实中以忠恕之道行事必须无视各个个体之间有时难以通融的差异。

在更广的视野下,我们可以发现忠恕之道和文明冲突论产生的背景具有很大的不同。儒家本质上产生于农业社会,封闭性比较强;而且其立论根据是血缘关系,这就在空间和血缘上一定程度上确保了个体之间的相似性乃至一致性。儒家再三强调仁以孝悌为本,这种天伦之爱之所以能够贯彻,因为孝悌所发生的小团体主要是亲人集团,彼此之间具有高度的相似性。所以,忠恕之道的贯彻并未受到很大的挑战。可是,一旦面临着陌生人的侵入,儒家立即转换了立场。墨子主张"兼爱",一定程度上也是贯彻爱的原则,也是相信忠恕之道的。但是,由于墨子所领导的团体主要是陌生人组成的,因此,其学说遭到了儒家的强烈反对。孟子抨击墨子,说:"墨子兼爱,是无父也。"(《孟子·滕文公下》)这句话不是说墨子兼爱所以连自己的父亲也不要了,有点谩骂墨子是禽兽的意思,因为只有禽兽是没有父亲意识的;它的意思是说,由于兼爱连陌生人都一起爱了,所以这种原则打破了血缘关系,其有效性是值得怀疑的。也就是说,空间的封闭和血缘上的亲密是贯彻忠恕之道的背景。

相对而言,文明冲突论产生的背景却是一个广泛交流、陌生人取代亲人成为身边人的时代。人类在20世纪的交流早已达到你中有我,我中有你的境地;各个文明、个体之间的差异不再是想象之中的产物,而是现实的存在。人类社会早已走出农业社会,经过工业社会,进入了互联网时代。人们之间以各种关系相处,早已摆脱了单纯的血缘关系的连接。在这样的背景下,再毫无保留地使用农业时代的原则,恐怕并非十分合适。注意,我不是说忠恕之道不好,而是说它在今日的使用必须回答以上我提出的质疑。

这种质疑并非是我一人的观点。20世纪初中国辛亥革命的理论先导章太炎早已对之展开了批评。而其所处的时代正是中西文明大碰撞、大交汇的时代。他的初衷是反对西方文明打着忠恕之道的旗号对中国展开侵略,但在理论上已经提出了忠恕之道内在的不足,即预设了两个个体、文明之间可以无条件地相通。近年来,提出了"生活儒学"的学者黄玉顺教授也认为忠恕之道存在问题。[1] 我和黄教授的差异在于,

---

[1] 笔者于2010年5月和黄玉顺先生讨论问题时黄先生提到这点,并且表示他已经写了文章。不过,需要说明的是,笔者尚未看到黄先生的文章。而我对忠恕之道的怀疑则来自自己做关于章太炎的博士论文的经历(2006—2009年)。应该说黄先生的观点加强了我的立场,但我的结论还是来源于自己的思索。

他认为儒家提出的"一体之仁"可以解决忠恕之道的困境,因为这个观点设定了万物的相似性。我的观点却是,在全球化的今日,"一体之仁"究竟是一种理论的设定,还是一种现实的境况,恐怕还是需要费一番思量的。

不过,"忠恕之道"还是有生命力的。由于中国古文本身的凝练,我们后人的诠释可以避免使之走上歧途的部分,而挖掘出更具有效性的内涵。这种新诠释的关键在于引进他者。也就是说,无论是忠还是恕的实施都不能以自己作为出发点,必须考虑到他人。我们把忠作这样的解释:自己希望别人怎么对待自己,自己也就以这种方式对待别人;恕:自己不希望别人怎么对待自己,自己也就不以这种方式对待别人。在这样的诠释中,自己和他人的关系是对等的,虽然彼此之间可能不知道对方究竟好恶如何,但是,由于对方之所作所为无论出发点如何,必然代表了其所能理解的真实意图,而这种行为引起的自我反应也将进一步激发他人的反应,合作的模式就可能产生。如果某个人、某种文明以冲突为乐,这种新解释就可能失效。因为该人或者该文明盼望的就是冲突,所以他(它)不惮于首先挑起冲突。不过,这种恶意的冲突毕竟是少见的;而在忠恕之道的传统诠释中,糟糕的事情是善意却导致恶果。而且,以冲突为乐者也经不起长久的消耗和折腾,最终还是会走向合作。①

四、中国现代哲学的贡献

以上所说主要是中国古典哲学在建构"命运共同体"思想中可能发挥的作用及其困境。学界目前似乎普遍地认为,如果要解决当今全球化的问题,比如文明冲突,那就需要重回先秦。这从某种角度看是不错的,因为我们的祖先的原创性思想中包含着丰富的智慧,可以启迪我们解决现代的问题。但如果因此而局限于古典思想,断言中国现代哲学、思想是狭隘的,那恐怕值得商榷。我们认为,中国现代哲学思想中也包含着应对现代困境、建构"人类命运共同体"的智慧。

论证这个论点有很多种思路。这里简略地提及两条思路。

第一,从诠释学的角度看,所谓的中国古典思想也已经经过了中国现代思想的重新塑造。按照伽达默尔的诠释学观点,客观事实上的确存在一个原初性的文本,但是,我们能否获得文本的原意却是值得质疑的。和以往的诠释学家因此而

---

① 对忠恕之道所作的这种新的诠释就我所见,率先是由冯友兰作出的。他说:"在消极方面,一个'仁人'要'己所不欲,勿施于人'。我不愿意别人怎样对我,我也不怎样对别人。这就是孔子所谓'恕'。在积极方面,一个'仁人'要'己欲立而立人,己欲达而达人',就是说,我愿意别人怎样对我,我就怎样对别人。这就是孔子所谓'忠'。"(冯友兰:《论孔子》,《三松堂全集》(第十二卷),河南人民出版社2001年版,第257页。)或许,冯友兰已经看到了传统诠释的不足和危险。

耿耿于怀不同,伽达默尔愉快地接受了这个现实,指出我们不必因为不能获得原意而困苦万分,相反,文本就是以(历史上的各种)我们对它的诠释的方式而存在的。也就是说,即便我们承认存在着所谓的孔子的思想,我们也不能知道孔子本人的思想究竟是什么,但我们不必因此而苦恼,因为我们的理解本身便形成了孔子思想存在的某种形式。所以,有朱熹的孔子思想,有王阳明的孔子思想,也有章太炎、鲁迅、张岱年的孔子思想,它们都是孔子思想的存在形态。从这个角度看,今日我们讨论孔子思想时,实质上是在讨论现代的孔子思想。无论是我们诠释孔子思想的背景、其所应对的问题、我们的诠释方式……都打上了现代的烙印。

第二,对古典的诠释本身也是现代思想创造的一种方式。思想创造具有多种方式,比如,直接面对现实发表系统的意见;通过诠释文本表达自己的观点。千万不要以为唯有诠释现代文本是在创造现代思想,事实上,立足现代,诠释古典文本也是在创造现代思想。

以上属于泛泛之论。具体而言,中国现代哲学中哪些方面有助于我们应对亨廷顿的文明冲突论,显示了文明相处的其他方式?这里举两个例子:谭嗣同的仁学以及蔡元培的世界主义思想。

(一) 谭嗣同的仁学

从具体境遇来看,谭嗣同只是维新变法运动时期的一个思想家,但这并不意味着他的思想的意义和作用只是局限于那个时期。我们坚信包括谭嗣同在内的很多中国现代思想具有超越时代的意义,就像孔子当年和弟子在具体情况下的闲谈也可以成为我们今日膜拜的对象一样。

谭嗣同认为,世界的本体是以太,又可以叫作仁。以太和仁"以通为第一义"。[①] 这种通表现在三个方面,或者说可以从三个角度来加以论证。其一,谭嗣同从语言学的角度论证"仁"这个字便包含着通的意思。"仁"从构造上看就是指两个"人"(人二组合而成),但是,它不是把两个人的关系规定为互相隔绝,而是互相联通。这种从语言学角度入手的诠释颇富创造性。其二,谭嗣同从哲学的高度论证了"通"的合法性。"仁"指的是两个人,即"二人",这两个符号换一种结构方式就变成了"元"或者"无",而这两个字往往在古典哲学中被当作本体;另一方面,谭嗣同索性设定世界的本体就是以太,"以太也,电也。"[②]在一百年前,电给中国人的直接印象就是它无所不达,这就是通的感性的表现。其三,谭嗣同在构建仁学时有意识地吸收了他所接触到的古今中外各种思想资源,贡献了一个以通为特征的新的哲学体系。他的"仁学"体系之名称表明他试图以儒学为建立体系的基本立场,一定程度上可

[①] 谭嗣同:《仁学》,《谭嗣同全集》(修订本),蔡尚思,方行编,中华书局1981年版,第291页。

[②] 谭嗣同:《仁学》,《谭嗣同全集》(修订本),蔡尚思,方行编,中华书局1981年版,第291页。

谓试图借助于其他思想来更新儒学。在儒学内部,他又以现代性为标准作了严格的区分。他认为,孔孟肯定了民权、民主,所以需要继承、发扬;相反,荀子则宣扬了专制思想,因此需要严厉批评。和别人不同的是,他把庄子看作是孔子思想的后裔,主张的是自由。除了儒道两家之外,他还高度欣赏墨家,认为墨家提供了任侠、兼爱等现代所需的伦理品格;还提供了格致也即科学的早期形态。谭嗣同不仅结合现代性对中国古典思想作了崭新的诠释,而且还引进了西方思想,比如,他将本体界定为以太,其实就深受当时西方科学思想的影响。他高度赞赏墨家的格致之思,便表明他对科学在现代世界的重要性有某种朦胧而不乏深刻的认识。除此之外,他还吸收了基督教的博爱思想、佛学的本体思想以及慈悲思想。

如果考虑到谭嗣同之后中国思想所面对的困境,那么他的"通"的哲学的思想史地位便可以高度突出。有的研究者指出,被誉为辛亥革命的理论先导的章太炎其实走向了唯我论,[1]那么,谭嗣同的哲学其实是克服了章太炎哲学的弱点的。如果考虑到章氏哲学的立论根基在庄学和佛学的结合,那么,谭氏哲学对于克服道家哲学固有的相对主义、多元主义具有莫大的意义。而前文便已指出,道家的多元主义无助于

---

[1] 参见蔡志栋:《一场夭折的哲学革命》,《学术月刊》2010年第7期。

解决现实之中文明的相处问题。

问题在于,谭嗣同一方面以实际行动构造了一个不仅以通为第一义,而且处处显示了通的特征的哲学体系;另一方面,毕竟"通"是他对本体的设定。在这个意义上,我们不妨说仁学更多显示了谭嗣同试图沟通世界各个文明的良好愿望。但是,这种基本的设定比起亨廷顿的文明冲突论的设定来说愿望更加美好。也许,基本的哲学设定说起来玄虚,但其指向作用不可小觑。

(二) 蔡元培的世界主义[①]

和当时几乎所有的思想家一样,蔡元培从来没有放弃世界主义。他说:"吾人生于此世界,固不能不与世界周旋。"而且需要"输入世界文明"。[②] 所谓世界主义,其基本的意思是各个民族、国家之间的平等;进一步,它的意思是说各个民族、国家之间还要互助友爱,共同达到大同世界:"方今世界大势,渐由国别而进于大同。"[③]1932年他参与组织的中国民权保障同盟会的一个要旨是不分国界、种族,保障所有人的人权:"我等无国界的界限,因为无论甲国人或乙国人,既同是人,就不

---

① 参见蔡志栋:《在民族主义和自由主义之间——蔡元培政治思想简论》,《学术界》2010年第3期。
② 蔡元培:《发起成立华法教育会公启》,《蔡元培全集》(第三卷),浙江教育出版社1997年版,第74—75页。
③ 蔡元培:《中法协进会开会词》,《蔡元培全集》(第三卷),浙江教育出版社1997年版,第415页。

应因国籍的区别而加以歧视。"①另外,晚年蔡元培的一个理想就是"编一本'乌托邦'",②从一个角度反映了他对大同社会的追寻。

不过,也和几乎所有的思想家一样,蔡元培也是一个根深蒂固的民族主义者。蔡元培主张从道德、美学以及现实手段上将民族主义和世界主义结合起来。

其一,需要在道德品质上主张由己及人。"初则爱己、爱家,继则爱族、爱乡、爱国,而至爱世界的人类。"③此时,博爱就发挥了作用,道德培养也显示出力量来。

其二,蔡元培认为,培养人们从民族主义走向世界主义的最好办法还不是用道德信条来强迫他,而是采取美育的方式。他认为审美的特点在于它有普遍性和超脱性,"普遍性以打破人我的成见","超脱性以透出利害的关系",④因此审美教育能够使人摆脱一己、一族的私念;同时,审美教育能够使人找到其丢失了的情感,使得人与人之间的情感能够不期然而然地更加浓厚起来,毁除人与人之间相争相斗的苗子,最终达到

---

① 蔡元培:《在中国民权保障同盟中外记者招待会致词》,《蔡元培全集》(第六卷),浙江教育出版社1997年版,第366页。
② 蔡元培:《在上海各界庆祝蔡元培七旬寿庆宴会上的答词》,《蔡元培全集》(第八卷),浙江教育出版社1997年版,第270页。
③ 蔡元培:《复兴民族与学生自治》,《蔡元培全集》(第八卷),浙江教育出版社1997年版,第71页。
④ 蔡元培:《美育与人生》,《蔡元培全集》(第七卷),浙江教育出版社1997年版,第291页。

世界主义。

其三,采取现实的暴力方式。在苏联十月革命二十二周年的纪念特刊上蔡元培题词道:"革命精神,平民主义,二十二年,功成名遂。反对侵略,悉为同志,敬祝进步,造福人类。"[1] 在这些话中透露出了至少三种思想:一是对于平等的肯定,"平民主义"指的就是这点。二是对于民族主义的肯定。"反对侵略,悉为同志",也就是说,蔡元培看到了苏联本身也有对外抗击侵略的光荣历史,在这方面值得中国效仿。三是"造福人类"。也就是说,苏联的共产主义具有某种示范效应,它指示着走向世界主义的现实途径。相对而言,道德性、审美性的走向世界主义的方式则略显抽象了。

如果说最后一种现实的暴力方式尚需质疑的话,前面两种道德性、审美性的走向世界主义的途径则需要认真吸取。但蔡元培的说法实在过于简单,我们只能依照其原则展开想象力的翅膀了。

第二节 "中国梦"的哲学意蕴(论纲)
——又名"现时代我们需要什么样的哲学?"

中国共产党十八届三中全会明确提出了建设"中国梦"。

---

[1] 《蔡元培全集》(七),中华书局1984年版,第252页。

"面对新形势新任务,全面建成小康社会,进而建成富强民主文明和谐的社会主义现代化国家、实现中华民族伟大复兴的中国梦。"党的十九大报告也对"中国梦"予以了强调。那么,何谓中国梦?如何实现中国梦?对于这些问题的回答离不开广大中国人民勇敢的探索、实践以及对实践经验的及时总结。从哲学的层面看,中国梦的实现,是建筑在中国人对外在世界的改变之上的,同时,中国人也在改变外在世界的过程中改变自身。因此,改变也就是实践是第一个重要的范畴。通过感性实践,而不是抽象的幻想,世界和人都从本然的状态转变为应然的状态。这个转变的过程就是"中国梦"的实现的过程。为了实现这个转变,需要两方面的辅助:一方面,正确地认识世界和认识自己,这是认识论、方法论的辅助;另一方面,需要政治哲学的辅助,即,需要良好的政治哲学来鼓舞人心、释放动力。由此,我们需要讨论实践、认识论与方法论、政治哲学、世界和人等多重论题。它们构成了实现"中国梦"的内在环节。

一、梦:理想与现实的统一

在对"中国梦"的阐释中,首先遇到的一个问题是,什么是梦?从理论的层面看,"中国梦"作为理想,来自对中国的现实以及中国人的盼望的正确认识和提炼,最终通过中国人的努力又化为现实。"中国梦"是现实与理想的统一。

第四章 人类命运共同体与"中国梦"

这当中需要澄清三个问题:

第一,"中国梦"所指涉的梦绝非不切实际的幻想。生活经验告诉我们,每一个人都会做梦。虽然有所谓的"日有所思,夜有所梦"的说法,在这个意义上,任何梦都是有一定的现实基础的,然而,很多梦本质上是幻想,是对现实刺激的歪曲。这点只要结合生活常识,都能理解。

第二,"中国梦"之梦又是对现实的正确反映和一定程度的超越。指出"中国梦"不是幻想并不意味着肯定它只有现实的维度。如果只看到这一点,那就会失去对未来的憧憬,失去对不合理的现实的改变向往。

第三,"中国梦"是现实与理想的统一。中国人民通过亲身实践,正确认识了自身的需求以及外在世界的特征,在此基础之上,将合目的性与合规律性统一起来,经过艰苦的实践,将这种统一在更高的层面上化为现实。"中国梦"由此而得以实现。由于这种梦是对人与世界两种现实的正确认识,所以其实现的可能性更高,而不会流于不切实际的幻想。

从历史的层面看,中国现代面临的一个核心问题是"中国向何处去?"[①]这个问题既是对国家命运的追问,又包含着对中国人自身的形象、内在素质的探索。换而言之,它指向着世

---

① 冯契:《中国近代哲学的革命进程》,上海人民出版社 1989 年版,序言,第 3 页。冯契认为这个问题是中国近代的时代中心问题,我却以为,广义地看,这是中国现代化的核心问题,具有一般性。

界和人的应然状态。事实上,从戊戌变法时期中国步入现代化建设的探索阶段后,先进的中国人对此提出了不同的答案,一定程度上都可以看作是"中国梦"在近现代史上的不同表现形态。举其大者,计有康梁的"大同梦"与"新民梦"、孙中山的"三民主义"梦、自由主义者的"好政府主义"梦、文化保守主义(现代新儒家为代表)的"新乡村建设"梦,等等。历史表明,这些梦虽然有其不可否认的价值,在今日依然值得我们不断进行回顾和反思,甚至从中汲取经验和教训,但总体上它们都归于失败。中国共产党人主导的新民主主义革命的道路和社会主义建设之梦得以成功,并在不断地展开之中。习近平总书记提出的"中国梦"是对中国近现代史上诸多梦想的批判和反思,同时又是对中国化马克思主义、尤其是中国共产党人的追求的继承和发展,并反映了一百多年来中国人民在现代化建设过程中所领悟到愿望,指示着奋进的方向。

二、实践:"中国梦"的实现根据

"中国梦"的实现是建筑在实干苦干的基础之上的。对中国近现代思想史的考察表明,自由主义思潮、文化保守主义思潮都没有充分认识到感性实践、劳动的重要意义,满足于将之理解为抽象的思辨,甚至对劳动持否定的态度。

在自由主义代表胡适那里,虽然他指出"实在"(世界)如同最老实的小姑娘,想怎么打扮就怎么打扮,[1]似乎将人的主体性高扬到了无以复加的地步,但是,他所说的似乎具有实践意味的"打扮",更多地是主观性的对世界的改变,具有极强的主观唯心主义的特征。我们也不能否认从严复开始,中国的自由主义是以实证主义作为基本的本体论根据。但是,实证主义会将实在现象化、感觉化,最终将实践沦为感觉的一闪念。[2]

在以现代新儒家为代表的文化保守主义那里,实践的地位也岌岌可危。熊十力-牟宗三一脉虽然也高扬主体能动性,但这是以将世界主观化为代价的,从根本上消除了实践的感性色彩。"新理学"的代表人物冯友兰以及"新心学"的代表人物贺麟所说的实践,主要是道德实践。他们当然也认识到了中国的现代处境对于道德建设的新要求,但就其对实践的理解而言,基本上没有超越传统儒家。1949年前的贺麟甚至在《当代中国哲学》中认为蒋介石的"力行哲学"代表了中国现代哲学的高峰。[3] 如果暂时撇开意识形态上的争论,从实践观的角度看,"力行哲学"的"行"继承的是陆王心学的实践观,本质上还是道德实践,而非广义的感性实践。

以上述实践观为基础的中国梦往往会流于幻想,或者只

---

[1] 胡适:《实验主义》,《胡适全集》(第一卷),安徽教育出版社2003年版,第298页。
[2] 这点结合下面所说的自由主义、实证主义的认识论可以更加明白。
[3] 参见贺麟:《当代中国哲学》,胜利出版社1945年版。

是对修身的某种刻画:由于忽略了更广大的外在世界的存在,这种刻画甚至比起传统的论述来还要倒退。在《大学》里,原始儒家至少还是承认修身和格物致知、正心诚意、齐家治国平天下具有复杂的互动关系,[1]因此在广义上也绝非单纯地道德实践,而是与面向家国天下这些范围更大的实践联系在一起的。

与之形成鲜明对比的是,马克思主义从其诞生之初,就提出了"问题在于改变世界"[2]的命题,对感性实践高度重视。在中国的土地上,从毛泽东的《实践论》到邓小平的"实践是检验真理的唯一标准",直至当下的实践教育活动,奋斗是幸福的来源等主张,都充分肯定实践的核心地位。

更加重要的是,中国化的马克思主义揭示了感性实践、劳动具有内在关系性,即,它使得主体在改变世界的过程中改变自己,[3]毛泽东、艾思奇、张岱年等人都对此加以了强调。毛泽东指出,人们在实践的过程中,既"改造客观世界,也改造自己的主观世界——改造自己的认识能力,改造主观世界同客观世界的关系"。[4] 艾思奇也说:"辩证唯物论的'有对象性的

---

[1] 蔡志栋:《"圣人"的退场——先秦诸子与中国现代自由人格论》,上海三联书店2016年版,第98页。
[2] 《关于费尔巴哈的提纲》,《马克思恩格斯文集》(第一卷),人民出版社2009年版,第502页。
[3] 参见冯契:《人的自由和真善美》,华东师范大学出版社1996年版,第195、198页。
[4] 《实践论》,《毛泽东选集》(第一卷),人民出版社1991年版,第296页。

活动'则在于改变周围,同时改变自己的本性。"①提出"解析的唯物论"的张岱年在其名作《天人五论》里也说:"人类生存于广大自然之中,而能认识自然,不惟能认识自然,而且能知当然之准则,能依当然之准则改变自然,并改变自己之生活以达到人生之理想境界。"②这是"中国梦"实现的根据。

实践的这个特征又是和"中国梦"的现实性和理想性的统一相一致。由于"中国梦"是理想和现实的统一,因此它不是单纯的主观的改变。如果只是主观的改变,那就很容易沦为"阿Q精神",其实质是通过改变自我来形成改变世界的假象,实际上世界仍然强硬,自我一再被歪曲。通过实践,一方面,人们正确地认识这个世界和自我,形成理想;另一方面,又将理想真正地化为现实;不仅如此,而且由于实践的内在关系性,"中国梦"中所包含的中国人的理想人格的培养问题也获得解决:那就是不必离开这个世界来抽象的、虚幻的勾画理想的中国人的形态;理想的中国人就产生于中国人自身对世界的改变的过程中。

三、正确的认识论与方法论:"中国梦"的实现保障之一

"中国梦"的实现保障之一是正确认识当今世界、现实中

---

① 艾思奇:《从新哲学所见的人生观》,《艾思奇全书》(第一卷),人民出版社2006年版,第233页。
② 张岱年:《天人五论》,《张岱年全集》(第三卷),河北人民出版社1996年版,第216页。

国以及自己,在此基础之上,正确的认识转化为正确的方法,指导"中国梦"的实现。在这个问题上,马克思主义哲学家冯契说得很清楚。他指出,所谓方法就是以得自现实之道还治现实之身,而"当我们即以客观规律之道,还治客观现实之身的时候,唯物辩证法就成了最一般的方法论"。[①]

事实上,对于认识论和方法论,自由主义思潮和文化保守主义思潮都有所认识和论述。但是,他们都没有找到正确的实现"中国梦"的方法。

自由主义思潮主张实证的科学方法论。严复展现了中国实证主义认识论和方法论的开端。他提出了"意验相符"的认识论,又提出了包括"察验—归纳—演绎—印证"等在内的方法论环节。其后的自由主义代表人物胡适坚持实用主义为主的真理观和实在论,又提出了"拿证据来""历史的态度""科学的实验室方法"的方法论,并且继承杜威的方法论,提出了"五步法"。他们的问题在于,在认识论上,他们的实证主义立场先是将实在现象化、最终感觉化了。[②] 缺乏实在作为基础的梦,只能沦为精致的阿Q之梦。在方法论上,他们始终难以阐明真理如何可能的问题。

[①] 冯契:《逻辑思维的辩证法》,华东师范大学出版社1996年版,第407页。另参见蔡志栋:《现代和谐的哲学基础》,载《中国的使命》,上海人民出版社2007年版。

[②] 参见杨国荣:《从严复到金岳霖》,高等教育出版社1996年版,第10页。

第四章 人类命运共同体与"中国梦"

这些特征在其后的自由主义的知识论阐释者金岳霖[①]那里表现得更加明显。他一直面临着如何看待实在的问题。他写作了《知识论》和《道论》,两者之间存在着严重的分裂,[②]这些分裂可以看作是自由主义知识论本身的限度。而且,金岳霖自己也承认,他始终没有解决一个问题:归纳何以可能? 1949 年后的金岳霖发生了思想的转折。如何看待这个转折?我们认为,这是金岳霖看到了实证主义知识论和方法论不足之后做出的自觉转向,而不是迫于外在压力而作的违心选择。但是,金岳霖自身没有在理论上将这种转向阐释出来。其弟子冯契,是一位马克思主义哲学家。他从马克思主义的立场出发,继承并超越了其师金岳霖。在认识论上,他成功地解决了归纳法的可能性问题和有效性问题。[③] 在方法论上,他提出了"化理论为方法"的观点,成功地衔接了知识论和方法论。我们认为,从金岳霖到冯契的思想转折具有深刻的思想史意义,它表明马克思主义如何在认识论上和方法论上超过了自由主义的哲学基础实证主义。

与自由主义的实证主义认识论相对,文化保守主义较多

[①] 为什么把金岳霖称作自由主义的知识论阐释者? 这个问题需要单独论述,简而言之,1949 年前的金岳霖本质上是一个自由主义知识分子,他的博士论文研究的是 T. H. Green 的政治哲学。其后他的重点在于论述知识论(以及本体论、形而上学),但在广义上可以看作是为自由主义奠定知识论的基础。

[②] 丁祯彦:《在几个问题上冯契对金岳霖的引申和发挥》,《华东师范大学学报》(哲学社会科学版)1995 年第 6 期。

[③] 当然对于他的解决方法,人们可以进行讨论。

地主张内省的认识方法。梁漱溟将直觉提高到了无以复加的地位,无论是感觉还是理智,都附有直觉的成分;即便是其晚年,依旧认为理性就是直觉。熊十力、贺麟都十分重视直觉。贺麟甚至将直觉作出了细致的区分。牟宗三提出"直觉之即创生之"。[1] 此时,直觉不仅仅是认识的能力、方法论的环节,而且,它具有了存在论的意味:它像上帝一样具有了创造世界的能力。但是,这种抬高的同时,恰恰又是其地位受到威胁的开始。被直觉创造出来的世界、实在也就成为了主观唯心主义的产物。这样的直觉与其说地位高尚,不如说在消弭世界的实在性的同时也将自己唯心化了。这就表明,直觉不能成为本体,而且,在认识能力和方法论环节中,它不能单独发挥作用。实证主义忽视直觉是一个严重的错误,但文化保守主义高扬直觉,则是另一个错误,同样不能解决获得有效的真理为成功改变世界提供辅助的问题。

20世纪末21世纪初,不仅有所谓1998年自由主义"浮出水面"[2]的说法,而且也有2004年是文化保守主义年的提法。[3] 但从知识论和方法论的角度看,两种思潮恰恰失语了。他们满足于对政治哲学的新设计,对文化图景的新勾画。退而言之,他们在知识论、方法论这两个方面也没有提供超越了

---

[1] 牟宗三:《智的直觉与中国哲学》,中国社会科学出版社2008年版,第30页。
[2] 朱学勤:《1998:自由主义的言说》,1998年12月25日《南方周末》。
[3] 张世保编:《大陆新儒学评论》,线装书局2007年版,编后记,第343页。

其前辈的思想。中国并无一本"中国自由主义认识论"或者"文化保守主义认识论"方面的著述。这即意味着,他们所设想的"中国梦"的实现是缺乏认识论、方法论辅助的。①

与之形成鲜明对比的是,中国化的马克思主义找到了辩证法这个正确的认识论和方法论指导,指导了中国新民主主义革命的成功,指导了社会主义建设的稳步推进,也将指导"中国梦"的实现。

关于辩证法,争论也很多。从思想史的角度看,其长处是立足唯物主义,对实证主义和文化保守主义的认识论和方法论做出了综合提高、扬弃发展。它把直觉看作是立足实践的直觉,而不是神秘的力量;它把实证主义的内在环节看作是相互联系的,从而避免了其抽象性。并且始终以实践作为评判真理的标准。毛泽东思想、邓小平理论、"三个代表"重要思想、科学发展观以及最近的习近平新时代中国特色社会主义思想,都是辩证法这个马克思主义认识论、方法论的提出者和深入阐述者。中国新民主主义革命之梦在它的指导之下获得了成功,中国社会主义建设之梦也将在其指导之下得以实现。

四、正确的政治哲学:"中国梦"的实现保障之二

"中国梦"的实现保障之二是正确的政治哲学的辅助。

---

① 需要补充的是,很多学者对现代新儒家的直觉主义、非理性主义认识论、方法论作出了刻画。问题在于,完整的认识论不能只是非理性主义独大。

在此，首先要解决的一个重要问题是，政治哲学为什么对于"中国梦"的实现很重要？因为合理的政治哲学构成了"中国梦"的内涵之一，同时，这也是认识论、方法论辅助的逻辑结论。正如毛泽东所说，马克思主义认识论的实质就是"从群众中来，到群众中去"，[1]如何提供合适的群体性原则，就成为建立科学的认识论的一个题中之义。而对此问题的讨论，又将超越纯粹的认识论领域。

当然，自由主义显然以对政治哲学的言说为长。在中国的语境中，从严复开始，历经胡适、殷海光、陈鼓应以及晚近大陆的自由主义思潮，他们对政治哲学的原则、理念、范畴作出了一定的阐释。但是，其根本问题有二：

（一）他们不能够提供某种整全性的自由主义，也就是说，将外在的政治自由和内在的理想人格有机地统一起来。这点在严复那里已经有所萌芽。作为第一代自由主义者，严复在政治哲学上高度赞赏自由主义，但是，在对人格的规定上，他依然主张回归传统的温良恭俭让、忠孝仁义等。似乎是作为某种呼应，第四代自由主义者陈鼓应却似乎颠倒过来。他一再强调精神自由对于政治哲学的重要性，并且借助于诠释庄子来加以表达，但是，他在政治哲学的内涵上，却几乎没

---

[1] 毛泽东：《关于领导方法的若干问题》，《毛泽东选集》（第三卷），人民出版社1991年版，第899页。

有提出什么实质性的东西来。① 晚近的中国大陆自由主义思潮,已经看到了自由主义的内在分裂的危险,但始终缺乏有效的努力加以统一。

(二) 正如殷海光所述,中国自由主义"先天不足,后天失调",从政治哲学的角度看,正如众多学者指出的,最要命的是它缺乏行动力。不仅和马克思主义相比,而且和文化保守主义相比,自由主义主要是书斋里讨论的对象。他们时常形成"咖啡杯里的风暴"。他们不断地变换讨论的场地,从咖啡馆到茶馆,一再地讨论公共空间的兴起。当然,自由主义创造出了一套自由、平等、民主、正义、公平等话语,吸引了大众目光。但是,这套话语并非自由主义思潮的专享,中国化的马克思主义也有自己对这些范畴的理解,社会主义核心价值观就是强有力的证明。

文化保守主义主张回归传统,重建道统。就其和传统文化的衔接来看,其思其行是有价值的。而且,一定程度上他们具备了远远超越自由主义的行动力。"国学"俨然成了新时代的热词。甚至在 21 世纪初,有的学者主张将之列为一级学科。在大街上,种种名目的国学馆也赫然在眼。这些从高雅到低俗之间的各个层面都宣示了文化保守主义的存在及其发

---

① 蔡志栋:《"圣人"的退场——先秦诸子与中国现代自由人格论》,上海三联书店 2016 年版,第 107—163 页。

达的行动力。

但是,恐怕其根本不足在于理论解读上。目前的很多研究几乎忽视了儒学与专制之间的内在联系,并不能提供崭新的政治哲学,从而不能保障中国梦的实现。从谭嗣同开始,历经陈独秀,人们便一直询问一个问题:为什么大盗(专制)和乡愿(荀学)结合在一起?为什么专制帝王愿意找儒学做其招牌?很多学者试图解答这个问题,但并没有将儒学和专制联姻的基因清除掉。文化保守主义在这方面的一个突出特征在于肯定传统政治思想中的"仁政"、民本主义等,试图将其与现代民主政治相等同。但是,仁政、民本主义的根本问题在于,它们忽视了民众的政治主体性,将良好政治的希望寄托于心怀善意的统治者。无疑,一旦统治者心情变坏,这种希望就会落空。[1] 除此之外,现有的研究表明,即便是为人所称道的平等,[2]在传统文化中也指向着被平等的对待,而不是彼此之间在权利上平等。[3] 文化保守主义对现代政治哲学的诠释还有很长一段路要走。

中国化的马克思主义却不然。从根本上说,其所构想的"大同团结与个性解放相统一"的政治文明,释放了中国人民

---

[1] 参见蔡志栋:《仁政之病:马克思主义与自由主义的反思》,《学术界》2015年第12期。
[2] 比如陈独秀就高度称赞传统社会中的平等。不过依据现今的研究,传统的平等只是一个美丽的误会。
[3] 高瑞泉:《平等观念史论略》,上海人民出版社2011年版。

的积极性,促成"中国梦"的实现。

早在"五四运动"马克思主义刚刚登上中国的历史舞台初期,中国化的马克思主义早期代表李大钊就提出了"大同团结与个性解放相统一"[①]。其后的毛泽东提出了类似的观点:一方面是个人心情舒畅、生动活泼,一方面是秩序井然、有统一意志。[②] 从某种角度看,这种新型的大同理想既克服了自由主义高扬个人主义的不足,又克服了文化保守主义强调群体主义的弊病。[③]

这个论断,又是对中国现代以来古今中西之争的总结。自由主义食洋不化,在中国水土不服;文化保守主义立足传统文化,但对传统文化中的精髓和糟粕难以作出合理的区分,进行有效的扬弃。而中国化的马克思主义从毛泽东开始,就提出从孔夫子到孙中山,我们都要继承的观点。[④] 近期,中共中央总书记习近平强调,培育和弘扬社会主义核心价值观必须立足中华优秀传统文化。[⑤]

[①] 李大钊:《联治主义与世界组织》,《李大钊全集》(第二卷),人民出版社2006年版,第283页。
[②] 毛泽东:《一九五七年夏季形势》,转引自冯契:《中国近代哲学的革命进程》,上海人民出版社1989年版,第555页。
[③] 当然,自由主义和文化保守主义的这两个特色是相对而言的。事实上,在具体的思想家那里,我们可以发现一些相反的个案、因素。
[④] 《中国共产党在民族战争中的地位》,《毛泽东选集》(第二卷),人民出版社1991年版,第534页。
[⑤] 《把培育和弘扬社会主义核心价值观作为凝魂聚气强基固本的基础工程》,《人民日报》2014年2月26日。

不容否认,中国化马克思主义在政治哲学的理论探索上发生过一些误区,也提出过过分泯灭个人合理需求的要求,比如"狠批私字一闪念"。在对中国传统哲学的政治思想的积极解读上有时还略有欠缺,比如在对庄子的研究中,只是看到庄子在阶级立场上的虚幻性和欺骗性,没有提出更加积极的建议。形成强烈对比的是,自由主义从严复开始,从来高度肯定庄子在政治哲学上的贡献。然而,中国化马克思主义在实践上确立了人民当家作主的政体,并且不断地加以改进完善。这就为中国梦的实现提供了有效的政治哲学的辅助。

五、"新世界"与"新人":"中国梦"的实现境界

中国梦就其实现状态而言,主要是新世界和新人的培育。关于新世界,本书导论和政治哲学两部分已经有所涉及,这里着重讨论"新人"。

关于"新人"的论述本身绝非"新语"。自由主义思潮主张培养"健全的个人主义"。胡适认为,一个人要对社会作出贡献,首先需要把自己这块材料铸造成器。唯有建设好小我,社会、国家之大我才能完善、发达。这个观点成为中国自由主义的主流。他们看到了个人是组成社会、国家的分子,但是没有看到个人的发展本身需要一个良好的环境。在众人昏昏的情况下,个人如何独醒是一个严峻的问题,这种状态是否可能也值得质疑。自由主义不仅在群己之辩上偏于个人,并且也因

此而忽视了如何培养个人的重要问题。

就"健全的个人主义"的其他方面来看,在理欲之辨上,胡适也肯定了人性之中欲望等非理性方面的重要价值,同时他绝不否认理性的崇高地位。只是中国的自由主义在发展的过程中,似乎每况愈下,对于人的非理性的方面越发肯定,比如历史发展到陈鼓应,他百般赞扬庄子的"心游",走向了某种神秘主义。近二十年来,大陆自由主义的崛起是一个不容争辩的事实。不过,受到西方政治自由主义的深刻影响,他们主张价值中立,对"新人"内涵的建构毫无兴趣,把他当作纯粹是私人事件,别人无权过问。这在消极的方面,无疑为"新人"之乱象丛生提供了合法性。中国自由主义再一次失语。

文化保守主义却积极地主张培养新的圣贤。他们毫不忌讳地继续使用圣贤之类的字样,表达自己在"新人"建设问题上的规划。康有为便自称康圣人。章太炎主张回归中国传统的典籍来培养现时代的人格。梁漱溟、熊十力这些文化保守主义的重镇常常自诩为新时代的圣贤,面对大难无所畏惧,一方面固然显示了坚定的自信心,另一方面又似乎透露出某种狂妄。当代新儒学的代表人物牟宗三也自视为圣人,毫无瑕疵。在当代中国民间,于丹甚至主张我们能继续回到圣人的怀抱。不少当代新儒家的拥趸峨冠博带,似乎认为这才是现代的人格之表现。

中国化马克思主义历来重视"新人"的培养。上文已经提及,李大钊等人早就提出要尊重个性解放,只是这种解放的个性必须与大同团结结合起来,一定程度上显示了群己的统一。官方化的马克思主义从延安时期起,就注重理想人格的挖掘和塑造,白求恩、张思德、甚至具有比喻意义的"愚公",以及在革命过程中涌现出来的各种英雄人物,1949年后的社会主义建设过程中出现的先进模范,典型如雷锋,"四有"新人的主张,都成为中国化马克思主义"新人"的代言人或者某种刻画。总体上看,中国化马克思主义"新人"的特点是,达到理欲之辨、义利之辩、群己之辩的统一,德智体美劳、知情意全面发展。新世纪以来,《新时代公民道德实施纲要》的提出、社会主义核心价值观的确立,又为"新人"注入了新的时代内涵。

总之,人是在改变世界的过程中改变自己的。通过实践,人和世界都从本然状态提升为应然状态。为了成功实现这两个改变,就需要正确的认识论、方法论和政治哲学作为辅助。这个结构中涉及了实践哲学(可以是某种本体论的代表)、认识论、政治哲学、精神哲学(包括道德哲学、美学等)。"中国梦"就是对它的凝练的表达。

这正是我们这个时代所需要的哲学。

参考文献

（按拼音顺序排列）

一、专著

[澳] 佩迪特著,刘训练译：《共和主义：一种关于自由与政府的理论》,江苏人民出版社 2006 年版。

[德] 康德著,肖树乔译：《对"什么是启蒙"的回答》,中译出版社 2016 年版。

[德] 尤尔根·哈贝马斯著,曹卫东译：《后民族结构》,上海人民出版社 2002 年版。

[法] 勒庞著,马晓佳译：《乌合之众——大众心理研究》,民主与建设出版社 2018 年版。

[古希腊] 亚里士多德著,吴寿彭译：《政治学》,商务印书馆 1965 年版。

[加] 贝淡宁著,吴万伟译：《贤能政治》,中信出版社 2016 年版。

[加] 威尔·金里卡著,邓红风译：《少数的权利：民族主义、多元文

化主义和公民》,上海译文出版社 2005 年版。

[美] 本杰明·史华兹著,叶凤美译:《寻求富强——严复与西方》,江苏人民出版社 1995 年版。

[美] 德里克著,李冠南、董一格译:《后革命时代的中国》,上海人民出版社 2015 年版。

[美] 狄百瑞著,黄水婴译:《儒家的困境》,北京大学出版社 2009 年版。

[美] 狄百瑞著,李弘祺译:《中国的自由传统》,香港中文大学出版社 1983 年版。

[美] 格林菲尔德著,王春华等译:《民族主义:走向现代的五条道路》,上海三联书店 2010 年版。

[美] 里亚·格林菲尔德著,张京生、刘新义译:《资本主义精神:民族主义与经济增长》,上海人民出版社 2009 年版。

[美] 罗尔斯著,何怀宏等译:《正义论》,中国社会科学出版社 1988 年版。

[美] 罗尔斯著,万俊人编:《罗尔斯读本》,中央编译出版社 2006 年版。

[美] 塞缪尔·亨廷顿著,程克雄译:《谁是美国人?——美国国民特性面临的挑战》,新华出版社 2010 年版。

[以] 塔米尔著:《自由主义的民族主义》,上海人民出版社 2005 年版。

[英] 安东尼·史密斯著,叶江译:《民族主义:理论,意识形态,历史》,上海人民出版社 2006 年版。

参考文献

[英]伯林著,岳秀坤译:《扭曲的人性之材》,译林出版社2009年版。

《十一届三中全会以来历次党代会、中央全会报告公报决议决定》(上册),中国方正出版社2008年版。

艾思奇:《艾思奇全书》,人民出版社2006年版。

蔡尚思,方行编:《谭嗣同全集》(修订本),中华书局1981年版。

蔡元培:《蔡元培全集》,浙江教育出版社1997年版。

蔡志栋:《"圣人"的退场——先秦诸子与中国现代自由人格论》,上海三联书店2016年版。

蔡志栋:《章太炎后期哲学思想研究》,上海社会科学院出版社2013年版。

陈来:《孔夫子与现代世界》,北京大学出版社2011。

程立显:《伦理学与社会公正》,北京大学出版社2002年版。

崔罡等:《新世纪大陆新儒家研究》,安徽人民出版社2012年版。

杜守素、侯外卢、纪玄冰:《中国思想通史》,新知书店1936年版。

费孝通等:《中华民族多元一体格局》,中央民族学院出版社1989年版。

冯契:《逻辑思维的辩证法》,华东师范大学出版社1996年版。

冯契:《人的自由和真善美》,华东师范大学出版社1996年版。

冯契:《认识世界和认识自己》,华东师范大学出版社1996年版。

冯契:《中国古代哲学的逻辑发展》(上册),上海人民出版社1983年版。

冯契:《中国古代哲学的逻辑发展》(下册),上海人民出版社1985年版。

冯契:《中国近代哲学的革命进程》,上海人民出版社1996年版。

冯友兰:《三松堂全集》(全15册),河南人民出版社2001年版。

干春松:《保教立国》,生活·读书·新知三联书店2015年版。

高道蕴,高鸿钧,贺卫方编:《美国学者论中国法律传统》,中国政法大学出版社1994年版。

高瑞泉,杨杨等著:《转折时期的精神转折》,上海古籍出版社2005年版。

高瑞泉:《平等观念史论略》,上海人民出版社2011年版。

高瑞泉:《中国现代精神传统》,东方出版中心1998年版。

高瑞泉:《中国现代精神传统——中国的现代观念谱系》(增补本),上海古籍出版社2005年版。

高瑞泉主编:《中国近代社会思潮》,华东师范大学出版社1996年版。

高瑞泉主编:《中国近代社会思潮》,上海人民出版社2007年版。

顾颉刚:《古史辨》第一册,上海古籍出版社1982年版,第24页。

郭沫若:《青铜时代》,中国人民大学出版社2005年版。

郭沫若:《十批判书》,东方出版中心1996年版。

何海源、李洪祥:《中国法律之最》,中国旅游出版社1990年版。

贺麟:《当代中国哲学》,胜利出版社1945年版。

赫胥黎原作,严复译:《天演论》,科学出版社1972年版,第69页。

侯外庐:《中国思想通史》(第一卷),人民出版社1957年版。

侯外庐主编:《中国思想史纲》,上海书店出版社2004年版。

华炳啸:《超越自由主义:宪政社会主义的思想言说》(修订版),西北大学出版社2011年版。

华炳啸主编:《宪政社会主义论丛》(第三、四合辑),西北大学出版社2012年版。

华炳啸主编:《宪政社会主义论丛》(第一辑、第二辑),西北大学出版社2011年版。

黄蕉风主编:《非儒:该中国墨学登场了》,国际华文出版社2016年版。

季羡林主编:《胡适全集》(全44册),安徽教育出版社2003年版。

暨爱民:《自由对国家的叙述:近代中国自由民族主义思想研究》,湖南人民出版社2009年版。

姜义华、张荣华编校:《康有为全集》,中国人民大学出版社2007年版。

康晓光:《中国归来——当代中国大陆文化民族主义运动研究》,新加坡世界科技出版社2008年版。

李泽厚:《中国思想史论》(中),安徽文艺出版社1996年版。

梁启超:《先秦政治思想史》,东方出版中心1996年版。

梁启超:《先秦政治思想史》,商务印书馆2014年版。

梁启超:《先秦政治思想史》,岳麓书社2010年版。

梁漱溟:《乡村建设理论》,上海人民出版社2006年版。

梁治平:《清代习惯法:社会与国家》,中国政法大学出版社1996年版。

刘少奇:《论党员在组织上和纪律上的修养》,中共中央党校出版社1981年版。

刘泽华:《中国政治思想史集》(第1卷),人民出版社2008年版。

马勇编:《章太炎讲演集》,河北人民出版社2004年版。

吕振羽:《中国政治思想史》,生活·读书·新知三联书店1955年版。

马小红:《礼与法:法的历史连接》,北京大学出版社2004年版。

牟宗三:《智的直觉与中国哲学》,中国社会科学出版社2008年版。

钱永祥:《殷海光先生的民主观与民主的两个概念》,《殷海光学记》,贺照田编选,上海三联书店2004年版。

秦晖:《问题与主义:秦晖文选》,长春出版社1999年版。

任建树等编:《陈独秀著作选》(第1卷),上海人民出版社1993年版。

任建树主编:《陈独秀著作选编》(第2卷),上海人民出版社2009年版。

商伟:《礼与十八世纪的文化转折——〈儒林外史〉研究》,生活·读书·新知三联书店2012年版。

沈玉成编:《酷吏传》,海南出版社2001年版。

苏力:《法治的本土资源》,中国政法大学出版社1996年版。

汤志钧编:《章太炎政论选集》(上册),上海人民出版社1977年版。

唐文明:《敷教在宽——康有为孔教思想申论》,中国人民大学出版社2012年版。

唐文明:《隐秘的颠覆:康德、牟宗三与原始儒家》,生活·读书·新知三联书店2012年版。

汪汉卿:《中国法律思想史》,中国科学技术大学出版社1993年版。

汪晖:《东西之间的"西藏问题"》(外二篇),生活·读书·新知三联书店 2011 年版。

王海明:《公正　平等　人道——社会治理的道德原则体系》,北京大学出版社 2000 年版。

王华编:《中国古代法治思想精粹》,长征出版社 2001 年版。

王辑思主编:《文明与国际政治》,上海人民出版社 1995 年版。

王人博、程燎原:《法治论》,山东人民出版社 1989 年版。

王栻编:《严复集》(全 5 册),中华书局 1986 年版。

王仲荦、姜亮夫、徐复、章念驰、王宁、马勇等整理:《章太炎全集》,上海人民出版社 1998 年版。

翁贺凯:《现代中国的自由民族主义》,法律出版社 2010 年版。

吴松等点校:《饮冰室文集点校》(全 6 集),吴松等点校,云南教育出版社 2001 年版。

萧功秦:《超越左右激进主义——走出中国转型的困局》,浙江大学出版社 2014 年版。

萧功秦:《中国的大转型——从发展政治学看中国变革》,新星出版社 2008 年版。

萧三匝编:《左右为难——中国当代思潮访谈录》,福建教育出版社 2012 年版。

萧萐父主编,郭齐勇、王庆元整理:《熊十力全集》,湖北教育出版社 2001 年版。

许纪霖:《大时代中的知识人》(增订本),中华书局 2012 年版。

许纪霖:《当代中国的启蒙与反启蒙》,社会科学文献出版社 2011 年版。

许纪霖：《启蒙如何起死回生?》，北京大学出版社2011年版。

许章润：《民族主义与国家构建》，法律出版社2008年版。

杨国强：《晚清的士人与世相》，生活·读书·新知三联书店2008年版。

杨国荣：《从严复到金岳霖》，高等教育出版社1996年版。

姚中秋：《道统与宪法秩序》，中央编译出版社2017年版。

叶蓓卿主编：《"新子学"论集》(第1辑)(第2辑)，学苑出版社2014年版，2017年版。

殷海光：《中国文化的展望》，上海三联书店2009年版。

张斌峰编：《殷海光文集》，湖北人民出版社2001年版。

张岱年：《张岱年全集》，河北人民出版社1996年版。

张灏：《梁启超与中国思想的过渡》，江苏人民出版社1995年版。

张睦楚：《民族意识与自由主义的双重变奏》，社会科学文献出版社2018年版。

张世保编：《大陆新儒学评论》，线装书局2007年版。

张维为：《中国震撼》，上海人民出版社2011年版。

章太炎：《国故论衡》，上海古籍出版社2003年版。

章太炎：《国学概论》，上海古籍出版社2008年版。

章太炎：《章太炎讲国学》，张昭军编，东方出版社2007年版。

赵汀阳：《坏世界研究——作为第一哲学的政治哲学》，中国人民大学出版社2009年版。

郑家栋：《从儒家到基督徒》，加拿大环球广播出版社2012年版。

中共中央马克思恩格斯列宁斯大林著作编译局：《马克思恩格斯文

集》,人民出版社 2009 年版。

中共中央毛泽东选集出版委员会编辑:《毛泽东选集》,人民出版社 1991 年版。

中国社科院近代史所编:《孙中山全集》,中华书局 1981 年版。

中国文化书院学术委员会编:《梁漱溟全集》,山东人民出版社 1989 年版。

中国文化书院学术委员会编:《梁漱溟全集》,山东人民出版社 2005 年版。

周保松:《走进生命的学问》,生活·读书·新知三联书店 2017 年版。

周濂:《你无法叫醒一个装睡的人》,中国人民大学出版社 2012 年版。

周濂:《现代政治的正当性基础》,生活·读书·新知三联书店 2008 年版。

朱文通等整理:《李大钊全集》,人民出版社 2006 年版。

Liah Greenfeld, *Mind, Modernity, Madness: The Impact of Culture on Human Experience*, Harvard University Press, 2013.

Umut Ozkirimli, Fred Halliday, *Theories Of Nationalism: A Critical Introduction*, Palgrave Macmillan, 2000.

二、论文

[德] 乌尔里希·贝克文,章国锋译:《什么是世界主义?》,《马克思主

义与现实》2008 年第 2 期。

[美]沃勒斯坦:《三种还是一种意识形态?——关于现代性的虚假争论》,《现代性基本读本》(上册),汪民安,陈永国,张云鹏主编,2005 年版。

《"打倒孔家店"不是五四运动的口号》,《世界博览》2009 年第 10 期。

《把培育和弘扬社会主义核心价值观作为凝魂聚气强基固本的基础工程》,《人民日报》2014 年 2 月 26 日。

《共同构建人类命运共同体——习近平在联合国日内瓦总部的演讲(2017 年 1 月 18 日)》,《人民日报》2017 年 1 月 20 日。

《中共中央关于全面推进依法治国若干重大问题的决定》,《人民日报》2014 年 10 月 29 日。

蔡志栋:《平等观念史新论》,《文汇读书周报》2012 年 8 月 31 日。

蔡志栋:《论"道家自由主义"三相》,《华东师范大学学报》(哲学社会科学版)2013 年第 2 期。

蔡志栋:《马克思主义视野下的逍遥游》,《人文杂志》2012 年第 2 期。

蔡志栋:《仁政之病:马克思主义与自由主义的反思》,《学术界》2015 年第 12 期。

蔡志栋:《先秦圣哲的诡谲微笑——冯友兰视界中的先秦诸子与自由》,《冯友兰哲学与中国现代哲学——全国第九届冯友兰学术思想讨论会论文集》,刘长城,刘刚主编,中国文史出版社 2013 年版。

蔡志栋:《现代和谐的哲学基础》,《中国的使命》,上海人民出版社 2007 年版。

参考文献

蔡志栋:《孝道的现代命运及其转化》,《青海社会科学》2015 年第 12 期。

蔡志栋:《一场夭折了的哲学革命》,《学术月刊》2010 年第 7 期。

蔡志栋:《在民族主义与自由主义之间——蔡元培政治思想简论》,《学术界》2010 年第 3 期。

蔡志栋:《中国现代自由三义———一个导论》,《杭州师范大学学报》(社科版)2016 年第 4 期。

陈卫平:《器道升替:中国近代进化论的历程》,《学术界》1997 年第 1 期。

崔宜明:《个人自由与国家富强》,《上海师范大学学报》(哲学社会科学版)2011 年第 3 期。

丁祯彦:《在几个问题上冯契对金岳霖的引申和发挥》,《华东师范大学学报》(哲学社会科学版)1995 年第 6 期。

方克立:《甲申之年的文化反思——关于大陆新儒学问题的三封信》,《大陆新儒学评论》,张世保主编,线装书局 2007 年版。

高瑞泉:《观念史何为?》,《华东师范大学学报》(哲学社会科学版)2011 年第 2 期。

何书彬:《"打孔家店",还是"打倒孔家店"?》,《时代教育》2010 年第 2 期。

贺善侃:《"人类共同价值":人类命运共同体的价值基础》,为"命运共同体与中国哲学社会科学学术话语体系建设高端论坛"(上海哲学学会 2017 年 9 月 23 日)会议论文。

华涛:《穆斯林社会与全球文明对话》,《回族研究》2006 年第 1 期。

黄节:《国粹保存主义》,《政艺通报》壬寅第22期。

李振宏:《"不患寡而患不均"的解说》,《二十一世纪》(香港),2005年6月号。

刘靖华:《"伊斯兰威胁论"与美国利益问题》,《文明与国际政治》,王辑思主编,上海人民出版社1995年版。

刘杨:《法律与道德:社会公平正义的标准及其实现方式》,《北京联合大学学报》(人文社科版)2014年第3期。

罗国杰:《社会主义公正原则的几个问题》,《道德与文明》2012年第5期。

罗隆基:《什么是法治?》,《中国现代自由主义资料选编》(8),唐山出版社1999年版。

马小军:《伊斯兰势力的扩张:一个政治神话》,《文明与国际政治》,王辑思主编,上海人民出版社1995年版。

沈卫星:《挑战社会主义核心价值体系的主要社会思潮》,《中国青年研究》2008年第11期。

唐君毅、牟宗三、徐复观、张君劢:《为中国文化敬告世界人士宣言》,《民主评论》1958年。

汪晖:《"毛主义"的幽灵》,《马克思主义研究》2016年第4期。

王东,纳雪沙:《"打倒孔家店"是五四运动的口号吗?——五四精神实质新论》,《新视野》2010年第4期。

王东:《五四新文化运动若干问题辨析》,《哲学动态》1999年第4期。

韦政通:《启蒙运动与当代中国思想发展》,《韦政通文集——人文主义的力量》,何卓恩、王立新编,中华书局2011年版。

吴恩超:《从四种观点论美苏两国的经济平等》,《观察》第五卷第十三期。

吴根友等:《当代中国道德箴言三字经(征求意见稿)》,《光明日报》2017年4月1日。

谢韬:《民主社会主义模式与中国前途》,《炎黄春秋》2007年第2期。

许纪霖:《从寻求富强到文明自觉——清末民初强国梦的历史嬗变》,《复旦学报》(社会科学版)2010年第4期。

许纪霖:《中国的民族主义:一个巨大而空洞的符号》,《潜流:对狭隘民族主义的批判与反思》,乐山主编,华东师范大学出版社2004年版。

叶江:《当代西方的两种民族理论——兼评安东尼·史密斯的民族(nation)理论》,《中国社会科学》2002年第1期。

袁伟时:《儒家是宪政主义吗?——简评秋风的孔子论》,《文化与中国转型》,浙江大学出版社2012年版。

赵修义:《"中国特色社会主义公正观"论坛综述》,《探索与争鸣》2012年第12期。

赵寻:《古今自由:道德与权利的分野》,《南方周末》2016年12月9日。

周德丰:《晚清国粹派的文化哲学思想平议》,《南开学报》1996年第4期。

周予同:《僵尸的出祟——异哉所谓学校读经问题》,《一般》杂志第一卷第二期(1926年10月5日)。

朱杰人:《把经学还原为一棵生命不息的大树》,《光明日报》2015年

8月31日。

朱文莉：《亨廷顿文明冲突论要旨》，《文明与国际政治》，王辑思主编，上海人民出版社1995年版。

朱学勤：《1998：自由主义的言说》，《南方周末》1998年12月25日。

三、电子文献

《学者联合倡议中国高校设立儒学一级学科　培养儒学专才》凤凰网：http：//guoxue.ifeng.com/a/20160614/49012603_0.shtml。

《大陆新儒家领袖蒋庆：只有儒家能安顿现代女性》，澎湃新闻：http://www.thepaper.cn/newsDetail_forward_1362813。

《努力建设社会主义政治文明》，http：//www.xinhuanet.com//politics/2016-06/08/c_129048342.htm。

陈季冰：《强烈建议！中小学语文应至少一半文言文，1930年以后作品原则上不收》，原发冰川思享库，转发于凤凰网：http：//wemedia.ifeng.com/24242807/wemedia.shtml。

黄蕉风：《什么是"工匠精神"？鲁班的技艺加上墨子的人道关怀》，澎湃新闻：http：//www.thepaper.cn/newsDetail_forward_1464466。

黄蕉风：《以"墨家店"取代"孔家店"？胡适、梁启超为何弘扬墨学》，澎湃新闻：http：//www.thepaper.cn/newsDetail_forward_1421804。

吕频：《儒家如何才能令当代女性信服?》澎湃新闻：http://www.

thepaper.cn/newsDetail_forward_1364501。

萧功秦:《中国需要铁腕改革》,http://www.sxrb.com/sxxww/dspd/szpd/bwzt/3358457.shtml。

后　　记

2015年7月,我获得了上海哲学社会科学规划课题立项,计划要对新世纪以来的社会思潮作全面系统的跟踪研究。之所以称为跟踪研究,是因为社会思潮的发展变化显然不能以立项时间为限。

不料,2015年之后,中国大地上社会思潮的发展一日三变! 仅仅以大陆新儒家为例,这几年的文献之多,超过人们想象,需要人们对之作单独研究。事实上,也已经有不少文本关注到了大陆新儒家。本书的写作秉承的一个原则是,我手写我心。因此,重点不在于人云亦云,也不在于对所有思潮作全面的研究。这也是作者后来才明白的道理。因此,在导论里对新世纪——而对新世纪,我们也有自己的理解——以来的社会思潮作了一个鸟瞰之后,笔者迅速将重点放在了有心得、有长期关注、能及时反应的思潮的研究上。

不能否认,部分内容由于是及时反应,难免学术性略不

后　记

足,甚至还可能会引起某些学者的反感。但是,时至今日,笔者还是坚持当时的基本观点,并不后悔当时的反应。窃以为,社会思潮研究不可与一般的学术研究相提并论,它尤其突出时效性。这种时效性,不仅表现在写作的对象是具体的,而且,也表现在研究者应该对社会思潮的动向作出及时反应。而由发表刊物的特性所决定,此类文章有的时候不得不牺牲学术的严整味道,以吸引更多的一般读者。对此,笔者在后期整理时加入了弥补,然而,恐怕当时论辩的气息仍然存在。

也许很遗憾的是,笔者课题设计之初的初衷没有完全实现。这个初衷主要体现在导论对新世纪以来的社会思潮的主要内容的介绍中。然而,与其四平八稳、千人一面,不如突出自己的观点。同时为了方便读者对当代社会思潮总体面貌有所概览,本书还提供了一个简短的综述。捎带的目的是,在与其他学者的类似研究中,进一步显出本书的特色。

不当之处,恳请读者批评!

2017 年 8 月初稿
2018 年 11 月修改
2020 年 1 月定稿